LÉGISLATION

DE LA

MARINE MARCHANDE

EN ANGLETERRE

PARIS. — IMPRIMERIE DE CH. LAHURE
Rue de Fleurus, 9

LÉGISLATION

DE LA

MARINE MARCHANDE

EN ANGLETERRE

PRÉCIS DES ACTES DE LA MARINE DU COMMERCE

DE 1854, 1855 ET 1862

EXTRAIT DE LA *REVUE MARITIME ET COLONIALE*
1863

PARIS

LIBRAIRIE CHALLAMEL AINÉ

30, RUE DES BOULANGERS-SAINT-VICTOR

1863

LÉGISLATION

DE LA

MARINE MARCHANDE

EN ANGLETERRE[1].

PRÉCIS DE L'ACTE DE LA MARINE DU COMMERCE
DE 1854.

(Merchant shipping Act, 1854[2])

PRÉAMBULE.

L'Acte de 1854 a pour objet de modifier et de réunir les actes antérieurs relatifs à la marine du commerce.

PRÉLIMINAIRES.

Art. 1er. Dispose que l'Acte de 1854 prendra le titre officiel suivant : *Acte de la marine du commerce, de* 1854.

Art. 2. Définit le sens attaché à certaines expressions employées dans l'Acte.

Art. 3. Fixe au 1er mai 1855 la mise en pratique de l'Acte.

---

1. Les actes qui régissent la marine marchande en Angleterre contiennent des dispositions que notre commerce et notre marine ont intérêt à consulter. C'est en vue de leur en faciliter les moyens que S. Exc. le Ministre de la marine et des colonies a prescrit la publication d'une traduction résumée de ces différents actes. `

2. Certaines parties de l'Acte de 1854 ont été modifiées par deux Actes plus récents dont nous donnons également la traduction.

Art. 4. Décide que l'Acte ne sera pas applicable aux bâtiments de guerre anglais.

Art. 5. L'Acte se divise en onze parties :

La première est relative au *Conseil du commerce (Board of Trade)* ;

La deuxième, aux navires anglais[1], à leur possession, *jaugeage (measurement)* et enregistrement ;

La troisième, aux capitaines et matelots ;

La quatrième, aux mesures de sûreté et aux précautions contre les accidents ;

La cinquième, au pilotage ;

La sixième, aux phares ;

La septième, au *Fonds de la marine du commerce (mercantile marine Fund)* ;

La huitième, aux naufrages, aux accidents et aux sauvetages ;

La neuvième, à la responsabilité des propriétaires de navires ;

La dixième, à la procédure légale ;

La onzième, à divers sujets.

PREMIÈRE PARTIE.

Le Conseil du commerce (Board of Trade). — Ses fonctions générales.

Art. 6. Le *Conseil du commerce* a la surintendance générale des navires et des marins du commerce anglais ; il est chargé de faire exécuter les prescriptions de l'Acte.

Art. 7. Tous documents et certificats dûment expédiés par le *Conseil du commerce*, selon les formalités voulues de sceau et de seing, seront reçus en témoignage.

---

1. Les navires se classent en trois catégories : les navires de long cours, ou adonnés à la navigation étrangère (*Foreign going ships*), qui font le commerce entre le Royaume-Uni et les points situés au delà des côtes dudit Royaume, des îles de la Manche, de Brest au Sud et de la rivière Elbe au Nord ; — Les navires de cabotage, ou adonnés à la navigation locale (*Home-Trade ships*), qui font le commerce en dedans des limites ci-dessus désignées ; — Les navires qui font le transport local des passagers (*Home-Trade passenger ships*).

Art. 8. Le *Conseil du commerce* est autorisé à publier, sous son sceau, tels types de livres, imprimés ou papiers que peut rendre nécessaires la mise en pratique de l'Acte.

Art. 9. Ces imprimés sont exempts du droit de timbre.

Art. 10. Une amende maxima de 10 *l. s.* (250 fr.) punit toute falsification du sceau du *Conseil du commerce*, toute altération frauduleuse de ses imprimés et tout usage ou toute vente d'imprimés autres que les siens.

Art. 11. Les honoraires et droits perçus par le *Conseil du commerce*, aux titres prévus dans les parties troisième et quatrième de l'Acte, sont versés au *Fonds de la marine du commerce;* les amendes sont versées au trésor.

Art. 12. Les officiers consulaires et ceux des douanes, les *Conseils locaux de marine (local marine boards)* et les *Contrôleurs d'embarquement (shipping masters)* sont tenus d'adresser au *Conseil du commerce* tels rapports, ou états, que ce Conseil juge nécessaires, sur tout sujet relatif aux navires ou aux marins. Les *Contrôleurs d'embarquement* sont tenus de produire devant le *Conseil du commerce* ou devant ses agents, quand ils en sont requis, tous journaux de bord et tous documents officiels à eux remis par les navires, conformément à l'Acte.

Art. 13. Tout membre du Conseil du commerce, tout officier en activité de la marine Royale, du corps consulaire ou des douanes, tout *Contrôleur d'embarquement,* etc., etc., est en droit, là où il soupçonne quelque infraction aux dispositions de l'Acte, de se faire présenter les papiers de bord, de passer en revue l'équipage, de vérifier la liste des personnes présentes à bord, de citer le capitaine à comparaître pour donner des explications.

Art. 14. Le *Conseil du commerce* peut, quand il le juge convenable, désigner des inspecteurs chargés de lui faire des rapports sur la nature de tout accident ou dommage éprouvé par un navire, sur l'état de la coque et des machines des bâtiments à vapeur, et en général sur tout ce qui se rattache à l'observation des dispositions de l'Acte.

Art. 15. Ces inspecteurs sont autorisés, pour l'accomplissement de leur mission, à se rendre à bord des navires et à les inspecter en totalité ou en partie; comme aussi à visiter tels lieux, requérir tels témoignages, dresser telles enquêtes, se faire présenter tels documents qu'ils jugent utiles, déférer le serment, etc. Les témoins appelés sont défrayés de leurs dépenses; ceux qui refusent de déposer encourent une amende maxima de 10 *l. s.* (250 fr.).

Art. 16. Une amende maxima de 10 *l. s.* (250 fr.) punit ceux qui, par des moyens quelconques, entravent un inspecteur dans l'accomplissement de sa mission.

DEUXIÈME PARTIE.

Navires anglais. — Leur possession. — Jaugeage (measurement) et Enregistrement.

Art. 17. La deuxième partie de l'Acte est applicable à toutes les possessions de la Couronne.

SECTION 1.
Définition et possession des navires anglais.

Art. 18. Pour être réputé anglais et pour jouir des priviléges qui s'attachent à ce titre, un navire doit appartenir, soit :

1° A des sujets Anglais de naissance, reconnaissant dûment leur dépendance de la Couronne;

2° A des personnes naturalisées, et reconnaissant leur dépendance de la Couronne;

Ou résidant sur quelque point des possessions de la Couronne;

Ou membres d'une factorerie anglaise à l'étranger;

Ou associées d'une maison en activité d'affaires, en Angleterre ou dans les possessions britanniques;

3° A des corporations soumises aux lois du Royaume-Uni ou de ses dépendances, et ayant leur centre d'affaires dans l'un ou dans les autres.

Art. 19. Tout navire anglais non enregistré antérieurement à l'Acte doit se faire enregistrer de la manière indiquée au présent. Faute d'être porteur d'un certificat d'enregistrement, il n'est pas reconnu anglais et s'expose à être retenu au port. Sont exceptés de cette disposition :

1° Les navires de quinze tonneaux au plus, naviguant seulement sur les rivières ou sur les côtes du Royaume-Uni ou des colonies, et dont les propriétaires ont leur résidence dans les localités en question;

2° Les bateaux de pêche et les caboteurs de l'île de Terre-Neuve et des autres pays de l'Amérique du Nord, de trente tonneaux au plus et non pontés.

SECTION II.

Mesurage du tonnage, ou Jaugeage.

Art. 20. Le *pont de jauge (tonnage deck)* est le pont supérieur pour les navires ayant moins de trois ponts, et le deuxième pont pour tous les autres. Le tonnage est exprimé en pieds et fractions décimales du pied.

RÈGLE I.

Art. 21. Le tonnage de tout navire doit, sauf les exceptions contenues dans la section III, être enregistré, après avoir été déterminé conformément aux prescriptions de la règle I, ci-exposée.

§ 1. *Longueurs.* — Mesurez la longueur du navire en ligne droite sur le pont de jauge, entre le dedans du bordage intérieur voisin de l'étambot et le dedans du bordage intérieur voisin de l'étrave, et divisez-la en un nombre de parties égales, conformément aux prescriptions de la table ci-jointe :

TABLE.

Classe 1. Navires dont le pont de jauge mesure 50 pieds de long au plus, en 4 parties égales ;

Classe 2. Navires dont le pont de jauge mesure entre 50 et 120 pieds, en 6 parties égales ;

Classe 3. Navires dont le pont de jauge mesure entre 120 et 180 pieds, en 8 parties égales ;

Classe 4. Navires dont le pont de jauge mesure entre 180 et 225 pieds, en 10 parties égales ;

Classe 5. Navires dont le pont de jauge mesure plus de 225 pieds, en 12 parties égales.

§ 2. *Superficies transversales.* — A chacun des points de division de la longueur, mesurez la profondeur entre le pont de jauge et le plancher d'arrimage. Si au maître couple la profondeur ne dépasse pas 16 pieds, divisez chaque cote de profondeur en 4 parties égales ; puis, à chacun des points de division de ces cotes, et à leurs extrémités supérieures et inférieures, mesurez la largeur horizontale, et numérotez ces largeurs en commençant par en haut ; multipliez la seconde et la quatrième par 4 et la troisième par 2 ; faites la somme de ces produits et ajoutez-y les première et cinquième largeurs ; enfin multipliez le tout par le tiers de l'intervalle compris entre deux largeurs, et le produit sera la superficie transversale.

Si la profondeur au maître couple dépasse 16 pieds, divisez chaque cote en 6 parties égales, au lieu de 4 ; mesurez les largeurs aux cinq points de division et aux extrémités supérieure et inférieure, et numérotez-les comme il a été dit en commençant par en haut ; multipliez alors les deuxième, quatrième et sixième par 4, et les troisième et cinquième par 2, faites la somme des produits et ajoutez-y les premières et septième largeurs ; enfin, multipliez le tout par le tiers de l'intervalle compris entre deux largeurs et le produit sera la superficie transversale.

§ 3. *Calcul du tonnage d'après les superficies.* — De ces superficies transversales, concluez le *tonnage d'Enregistrement* (*register tonnage*) comme suit : numérotez les superficies obtenues à partir de l'avant ; puis, quelle que soit la classe de la table ci-dessus à laquelle appartienne le navire, multipliez les superficies paires par 4 et les impaires par 2 (en exceptant toutefois la première et la dernière) ; ajoutez à la somme de ces produits les première et dernière superficies, et en multipliant le tout par le tiers de l'intervalle qui sépare deux superficies, vous aurez le volume de l'espace compris sous le pont de jauge. Ce produit divisé par 100 est réputé le tonnage d'Enregistrement sujet toutefois aux corrections ci-après :

§ 4. *Poupe et autres espaces clos.* — Si le navire a en permanence sur le pont supérieur des espaces clos destinés à recevoir des marchandises ou à servir de logement, le tonnage de chacune de ces parties s'obtient comme suit : mesurez la longueur moyenne et divisez-la en 2 ; mesurez la hauteur au milieu, avec la largeur aux extrémités supérieure et inférieure et au milieu de la cote de hauteur ; puis, à la somme des deux largeurs extrêmes, ajoutez 4 fois celle du milieu et multipliez le tout par le tiers de l'intervalle entre les largeurs, le produit sera la superficie horizontale moyenne de la partie à mesurer. Multipliez cette superficie par la hauteur moyenne, et en divisant le produit par 100, vous aurez le tonnage cherché, qu'il faudra ajouter à celui du bâtiment. Ne sont pas sujets à cette supputation additionnelle : 1° les espaces clos destinés au logement de l'équipage, s'ils n'ont une contenance de plus d'un vingtième du tonnage intérieur, et dans ce cas l'excédant du vingtième seulement est compté ; 2° les abris destinés aux passagers du pont.

§ 5. *Bâtiments ayant plus de 2 ponts.* — Si le navire a plus de 2 ponts, le tonnage de l'espace compris entre le pont supérieur et le pont de jauge s'obtient par un procédé semblable à celui décrit ci-dessus.

RÈGLE II.

Art. 22. Les navires qui, ayant un chargement à bord, demandent à être jaugés pour tout autre motif que celui d'Enregistrement, ou ceux qui, ayant à être jaugés pour l'Enregistrement, ne peuvent l'être d'après la règle I, le sont d'après la règle II ci-après :

§ 1. Mesurez la longueur au pont supérieur et la plus grande largeur ; cintrez le navire au maître avec une chaîne passant sous la quille et s'arrêtant de chaque bord à la hauteur du pont supérieur, et mesurez la longueur de la chaîne. A la moitié de cette longueur ajoutez la moitié de la largeur du navire, et carrez la somme ; multipliez le carré par la longueur, prenez les $\frac{18}{10000}$ du tout ($\frac{21}{10000}$ pour les navires de fer) et le produit sera réputé le *tonnage* d'Enregistrement, sujet toutefois aux corrections ci-après : .

§ 2. *Poupe et autres espaces clos.* — Les espaces clos se mesurent comme il a été dit au § 4 de la règle I.

RÈGLE III.

Art. 23. Dans tout navire mû par la vapeur ou par quelque autre agent mécanique que ce soit, une déduction est faite du tonnage obtenu par les règles précédentes :

(*a*) Pour les navires à roues dont l'espace occupé par l'appareil est entre 20 et 30 pour 100 du tonnage total, la déduction sera de $\frac{37}{100}$; pour les navires à hélice, dont l'espace en question est entre 13 et 20 pour 100 du tonnage total, la déduction sera de $\frac{32}{100}$.

(*b*) Pour tous autres navires, la déduction sera appréciée de la même manière, si les douanes et les propriétaires en tombent d'accord ; dans le cas contraire, elle pourra être faite d'après jaugeage, le tonnage de l'espace occupé par l'appareil étant à cet effet augmenté de moitié pour les bateaux à roues et des trois quarts pour ceux à hélice. Cet espace sera d'ailleurs jaugé par des procédés semblables à ceux décrits au § 4 de la règle I; et s'il embrasse des compartiments séparés, on les mesurera séparément, d'après la même règle, ainsi que le tunnel de l'arbre pour les navires à hélice.

Une amende moyenne de 100 *l. s.* (2500 fr.) punit le fait de transport de marchandises dans les emplacements réputés *de la machine.*

RÈGLE IV.

Art. 24. En mesurant le tonnage des navires non pontés, la partie supérieure du plat-bord sera la ligne extrême qui servira au calcul et la profondeur se prendra d'une ligne transversale allant d'un côté à l'autre du plat-bord, et à chaque division de la longueur.

Art. 25. Tout navire enregistré doit avoir, marqués en incision ou d'une manière permanente quelconque sur le grand bau, son tonnage d'Enregistrement, et le numéro de son certificat d'Enregistrement. Du moment où il cesse de se conformer à cette formalité, il cesse d'être réputé anglais.

Art. 26. Le tonnage fixé conformément aux dispositions qui précèdent, et enregistré, est réputé le tonnage vrai du navire tant qu'il n'est pas modifié officiellement par un nouveau jaugeage.

Art. 27. Les propriétaires qui ont eu le tonnage de leurs navires enregistré avant l'*Acte* peuvent, s'ils veulent, faire mesurer de nouveau le dit tonnage; ils n'y sont toutefois pas obligés.

Art. 28. Si les *Commissaires des douanes (commissionners of customs)* acquièrent la preuve que certains navires jaugés avant la promulgation de l'*Acte,* ont, depuis leur jaugeage, réduit d'une manière quelconque l'espace occupé par la machine et par ses dépendances, il leur est facultatif de faire procéder à nouveau au jaugeage.

Art. 29. Les *Commissaires des douanes* peuvent, avec l'approbation du trésor, désigner des agents pour contrôler le jaugeage des navires, et, avec l'approbation du *Conseil du commerce,* faire dans ce but tous les règlements nécessaires, comme aussi modifier les règles posées ci-dessus, afin d'en rendre l'application plus facile et plus efficace.

SECTION III.

Enregistrement des navires anglais.

Art. 30-31. — Spécifie les personnes tenues d'Enregistrer les navires anglais et reconnues comme Enregistreurs pour les fins de l'Acte;

Art. 32. Les Enregistreurs doivent tenir un registre.

Art. 33. Est réputé port d'attache d'un navire celui où le navire est enregistré.

Art. 34. Avant l'Enregistrement, le nom et le port du navire doivent être peints à l'arrière, et après l'Enregistrement il est défendu, sous peine de 100 *l. s.* d'amende (2500 fr.), de supprimer, de changer ou de dissimuler lesdits noms, à moins que ce ne soit pour échapper à l'ennemi.

Art. 35. La demande à fin d'*Enregistrement* doit être faite par le propriétaire, ou par les propriétaires du navire, ou par un agent dûment autorisé.

Art. 36. La personne chargée de procéder au jaugeage qui précède l'Enregistrement est tenue de délivrer un certificat conforme au modèle, spécifiant le tonnage du navire, son mode de construction, etc. Ce certificat est remis à l'Enregistreur avant l'Enregistrement.

Art. 37. La propriété d'un navire est divisée en soixante-quatre parts. Trente-deux personnes, au plus, peuvent en même temps être enregistrées comme propriétaires d'un navire; mais une seule personne peut être enregistrée pour représenter plusieurs intéressés. Il n'est pas permis à l'*Enregistreur* d'admettre sur ses registres des propriétaires de fractions de part; mais toute réunion de personnes n'excédant pas cinq peut être enregistrée comme propriétaire d'une ou de plusieurs parts. Les copropriétaires sont dans ce cas enregistrés sous un seul nom, et ne peuvent disposer isolément de leur portion. Une corporation peut être enregistrée par son nom.

Art. 38. Pour obtenir son Enregistrement comme propriétaire de navire, une *déclaration de propriété* (*declaration of ownership*), dans la forme déterminée et signée par l'intéressé, doit spécifier : les droits de celui-ci comme propriétaire ou copropriétaire; l'époque et le lieu de la construction du navire; le nom du capitaine, le nombre de parts auquel a droit l'intéressé, etc.

Cette déclaration doit être faite et signée en présence de l'Enregistreur par chacun des propriétaires.

Art. 39. Et par les représentants dûment autorisés des corporations ou sociétés de copropriétaires.

Art. 40. Outre cette déclaration, la personne qui requiert son Enregistrement comme propriétaire doit produire :

Si le navire est de construction anglaise, un certificat du constructeur et tous actes de vente qui peuvent lui avoir conféré le droit de propriété ;

Si le navire est de construction étrangère, semblable certificat quand elle peut se le procurer, ou, à défaut, une déclaration motivant l'absence de ce certificat, et, de plus, le ou les actes de vente ;

Si le navire a été condamné par une cour compétente, une copie officielle de la condamnation.

Art. 41. Tout constructeur délivrant sciemment un certificat faux encourt une amende de 100 *l. s.* (2500 fr.)

Art. 42. Les formalités ci-dessus énoncées ayant été remplies, l'Enregistreur inscrit au registre : le nom du navire ou son port d'attache, son tonnage, les renseignements relatifs à sa construction, son signalement avec tous les détails relatifs à son origine et à ses propriétaires.

Art. 43. Aucune mention de cautions ne peut être faite au registre, le propriétaire enregistré ayant l'absolue disposition du navire.

SECTION IV.

Certificat d'Enregistrement.

Art. 44. Une fois l'Enregistrement du navire achevé, l'Enregistreur est tenu de délivrer à qui de droit un certificat d'Enregistrement, mentionnant les particularités ci-dessus détaillées, ainsi que le nom du capitaine.

Art. 45-46. En cas de changement de propriétaire ou de capitaine, l'Enregistreur est tenu de le mentionner le plus tôt possible au certificat.

Art. 47. Sur remise à l'Enregistreur du vieux certificat, un nouveau peut être délivré à la place.

Art. 48. Dispositions relatives à la perte ou à la destruction du certificat d'Enregistrement ; cas où ce certificat peut être remplacé par un nouveau, soit à titre définitif, soit à titre provisoire.

Art. 49. Si le nouveau certificat est provisoire, il doit, en temps et lieu, être échangé contre un certificat définitif.

Art. 50. Nul ne peut, sous quelque prétexte que ce soit, détenir un certificat d'Enregistrement, cette pièce devant toujours rester à la disposition des ayants droit, pour les besoins de la navigation du bâtiment. Une amende de 100 *l. s.* punit les contrevenants.

Art. 51. Si par suite de la disparition du détenteur illégal, ou par toute autre cause, le certificat d'Enregistrement ne peut être retrouvé, il en pourra être délivré un autre.

Art. 52. L'usage ou la tentative d'usage d'un certificat illégal, entraîne la confiscation du navire, et est réputé *délit* (*Misdemeanour*).

Art. 53. En cas de perte du navire, ou de perte de sa nationalité, le certificat doit, sous peine de 100 *l. s.* d'amende, être rendu à l'Enregistreur du port d'attache, ou aux agents autorisés, pour faire retour à l'Enregistreur du port d'attache.

Art. 54. Un certificat provisoire, valable pour six mois, ou jusqu'à l'arrivée du navire dans un port d'Enregistrement, peut être délivré par le consul britannique à tout navire devenu anglais en pays étrangers.

SECTION V.

Transferts et transmissions.

Art. 55. Les transferts de navires, ou de parts de navire, doivent s'effectuer par actes de vente contenant un extrait du certificat d'Enregistrement suffisamment détaillé pour constater l'identité du navire; ils doivent s'opérer en présence d'un témoin au moins, et être attestés par lui.

Art. 56. L'acquéreur, ou le secrétaire de la corporation acquéreuse, doit faire déclaration de ses titres à devenir propriétaire.

Art. 57. L'Enregistreur enregistrera le transfert.

Art. 58. La transmission des droits de propriété à un navire, ou à des parts de navire, par suite de mort, de faillite ou de mariage, doit être rendue authentique par une déclaration des titres du nouveau propriétaire et de la source d'où il les tient.

Art. 59. Dispositions réglant la nature des preuves à fournir pour établir la transmission des droits de propriété par faillite, mariage, etc.

Art. 60. Le nom du propriétaire de droits transmis doit être enregistré.

Art. 61. Les Enregistreurs sont tenus de garder entre leurs mains les déclarations de propriété, les certificats du constructeur et de l'inspecteur, et la copie des condamnations.

Art. 62. Une personne non qualifiée pour posséder un navire anglais peut, si la propriété lui en est transmise, requérir devant la *Cour de chancellerie (Court of chancery)*, ou toute autre cour compétente, la vente du navire.

Art. 63. La Cour, en prescrivant la vente, investira à ces fins un tiers du droit de transférer légalement le navire, ou la part de navire, comme s'il en était le propriétaire légal.

Art. 64. Les demandes, à fin de vente, doivent être adressées à la Cour dans un délai de quatre semaines après l'événement qui donne lieu à la transmission.

Art. 65. Les cours compétentes peuvent, sur les réquisitions des intéressés, prohiber, dans le cas ci-dessus, toute spéculation sur le navire, ou la part de navire, pour un temps déterminé.

SECTION VI.
Hypothèques.

Art. 66. Tout navire, ou toute part de navire, peut servir de garantie; cette garantie, appelée *hypothèque (mortgage)*, est formulée selon le modèle fixé, et enregistrée par l'Enregistreur.

Art. 67. Cet Enregistrement se fera au moment de la déclaration d'hypothèque.

Art. 68. La libération d'une hypothèque sera enregistrée.

Art. 69. La priorité des hypothèques s'établit sur la priorité d'Enregistrement.

Art. 70. Le détenteur d'une hypothèque n'a droit sur le navire, ou sur la portion du navire, que dans la mesure qui peut être nécessaire à la sécurité de son hypothèque.

Art. 71. La vente du navire, ou de part du navire, par le détenteur d'une hypothèque est valable; mais si son hypothèque n'est pas la première, la Cour seule peut autoriser la vente dans le cas où les autres détenteurs s'y opposent.

Art. 72. Les droits d'un détenteur ne sont pas affectés par le fait de la banqueroute de l'hypothéqué, si elle a lieu après l'Enregistrement de l'hypothèque.

Art. 73. Le transfert des hypothèques est enregistré au registre des transferts dans la forme fixée.

Art. 74. La transmission des droits d'un détenteur d'hypothèque, par mort, banqueroute, mariage, etc., etc., doit être dûment établie par la déclaration des droits de l'intéressé, selon la forme fixée.

Art. 75. Cette transmission doit également être enregistrée.

SECTION VII.

Certificats d'hypothèque et de vente.

Art. 76. Le propriétaire qui désire vendre son navire ou l'hypothéquer hors du pays, ou de la possession britannique, où est situé le port d'Enregistrement, peut obtenir de l'Enregistreur les certificats d'hypothèques ou de vente qui lui en donnent le pouvoir.

Art. 77. A cette fin, les noms des personnes qui doivent exercer le pouvoir en question, le montant des hypothèques ou du prix d'achat, les lieux et les limites de temps dans lesquels les pouvoirs restent valables, sont enregistrés.

Art. 78. Aucune hypothèque, ou vente, ne peut s'effectuer, en quelque endroit que ce soit du Royaume-Uni, si le port d'attache du navire est situé dans le Royaume-Uni, ou en quelque endroit que ce soit des possessions britanniques, si le port d'attache est situé dans ces possessions — Elle ne peut non plus s'effectuer que par le titulaire du certificat.

Art. 79. Les certificats d'hypothèque, ou de vente, seront conformes aux modèles fixés.

Art. 80. Règles relatives aux conditions à remplir en ce qui concerne les certificats d'hypothèque.

Art. 81. Règles relatives aux conditions à remplir en ce qui concerne les certificats de vente.

Art. 82. En cas de perte d'un certificat d'hypothèque, ou de vente, les commissaires des douanes ont le pouvoir d'en délivrer un autre.

Art. 83. Les mêmes commissaires ont également le pouvoir de révoquer un certificat d'hypothèque ou de vente; la révocation est formulée selon le modèle fixé.

SECTION VIII.

Renouvellement d'Enregistrement et transfert d'Enregistrement.

Art. 84. Quand un navire aura été modifié au point de ne

plus répondre à son signalement d'Enregistrement, il devra se pourvoir d'un nouveau certificat d'Enregistrement, ou faire apostiller l'ancien. Dans l'un comme dans l'autre cas, l'Enregistreur du port opérera au registre les changements requis.

Art. 85. L'Enregistreur a le droit d'exiger le renouvellement d'Enregistrement d'un navire modifié. Si la déclaration de ces modifications est faite à l'Enregistreur d'un autre port que celui d'attache du navire, cet Enregistreur délivrera à l'intéressé un certificat provisoire qui devra, à l'arrivée au port d'attache, être remis à l'Enregistreur.

Art. 86. L'Enregistreur, sur la remise du certificat provisoire, procédera au renouvellement de l'Enregistrement.

Art. 87. Tout navire modifié qui ne fait pas renouveler son Enregistrement, ou apostiller les modifications qu'il a subies, perd sa nationalité.

Art. 88. Un renouvellement d'Enregistrement peut aussi être accordé lors d'un changement de propriétaire.

Art. 89. L'Enregistrement d'un navire peut être transféré d'un port à un autre, sur les instances des parties intéressées.

Art. 90. Règle le mode de ce transfert.

Art. 91. Ce transfert n'affecte en rien les droits des détenteurs d'hypothèques.

Art. 92. Les registres d'Enregistrement sont ouverts au public, moyennant un droit qui ne peut excéder 1 shilling (1 fr. 25 c.).

Art. 93. Les Enregistreurs ne sont responsables des dommages, etc., etc., causés par leurs actes, qu'autant qu'il est établi que ces dommages, etc., etc., ont été le fait de leur négligence ou de leur volonté.

Art. 94. Les Enregistreurs sont tenus, chaque mois, ou aux époques fixées par les commissaires des douanes, de transmettre le rapport de toutes leurs opérations aux commissaires des douanes.

Art. 95. Tous droits exigibles, conformément aux dispositions de la seconde partie du présent *Acte*, sont affectés à défrayer les dépenses occasionnées par l'application desdites dispositions, ou à telles fins que le trésor peut prescrire.

Art. 96. Les commissaires des douanes peuvent faire délivrer aux Enregistreurs les imprimés requis par les dispositions de la seconde partie de l'Acte, comme aussi modifier, avec l'autorisation du Conseil du commerce, les formes de ces imprimés et donner telles instructions qu'ils jugent nécessaires pour la meilleure application de l'Acte.

Art. 97. Les Enregistreurs sont autorisés, dans certains cas et sur la production de preuves suffisantes, à passer outre aux formalités légales de déclarations ou de témoignages.

Art. 98. Dans certaines circonstances spéciales, les Commissaires des douanes ou les gouverneurs de colonies peuvent délivrer un *laissez-passer* à un navire qui n'a pas été dûment enregistré.

Art. 99. Dispositions relatives au cas où, pour fait d'enfance, d'aliénation mentale, ou d'autre incapacité de l'intéressé, un tuteur, un comité, ou toute personne dûment autorisée, peut faire, pour cet intéressé, les déclarations légales et passer les actes nécessaires au fait de l'Enregistrement.

Art. 100. Le recouvrement des amendes pécuniaires infligées par le présent ou par tout autre Acte, peut être poursuivi contre les personnes intéressées dans les bénéfices d'un navire (quoique non enregistrées comme propriétaires) aussi bien que contre les propriétaires. Sont cependant exceptés les détenteurs d'hypothèques.

SECTION X.

Faux (Forgery).

Art. 101. Tout individu convaincu de faux, ou de participation à un faux, en tout ce qui touche aux documents relatifs à l'Enregistrement d'un navire, sera poursuivi comme félon.

SECTION XI.

Nationalité.

Art. 102. Nul navire ne peut prendre la mer avant que sa nationalité soit inscrite sur son *laissez-passer* par l'agent compétent des douanes.

Art. 103. Seront passibles :

De confiscation, les navires qui assumeront illégalement la nationalité britannique ;

Des peines infligées aux *délits* (*misdemeanours*), les navires qui cacheront leur nationalité britannique pour assumer une nationalité étrangère;

De confiscation, les navires appartenant à des personnes non dûment qualifiées pour être propriétaires;

Des peines infligées aux délits, la fausse déclaration de propriété.

Des pouvoirs généraux sont conférés aux agents du gouvernement de saisir et détenir tous navires coupables des délits ci-dessus mentionnés.

Art. 104. Ces agents sont déchargés de toute responsabilité, au civil ou au criminel, pour le fait de ladite saisie ou détention, si elle a été pratiquée pour des motifs *raisonnables*.

Art. 105. Le fait de porter sans autorisation le *pavillon anglais (Union-Jack)*, ou toutes autres couleurs appartenant aux navires de Sa Majesté, est passible d'une amende de 500 *l. s.*, sans préjudice de la confiscation des couleurs.

Art. 106. Le navire non réputé anglais par les dispositions du présent *Acte*, bien que privé de tous les avantages conférés par l'Acte, reste soumis aux charges, amendes et liabilités attachées à la nationalité qu'il prétend indûment.

SECTION XII.

Témoignages.

Art. 107. Toute copie des registres, toutes déclarations et tous autres documents sont réputés témoignages et preuves *prima facie* de tout ce qui s'y trouve mentionné.

SECTION XIII.

Clause restrictive.

Art. 108. Les 3ᵉ et 4ᵉ Actes Victoria, chap. LVI, relatifs aux navires de la Compagnie des Indes, ne sont pas affectés par le présent Acte.

TROISIÈME PARTIE.

Des capitaines et des matelots.

La troisième partie de l'Acte de la marine marchande modifie et réunit en corps les lois relatives aux capitaines et aux matelots.

Art. 109. Les dispositions relatives à la production des états périodiques des équipages s'appliquent à tous les bâtiments de pêche du Royaume-Uni, qu'ils soient ou non employés sur la côte, à tous les navires du service des phares et aux yachts de plaisance.

Les dispositions qui exigent l'envoi de ces états, et qui sont relatives aux salaires et effets des matelots ou apprentis décédés, s'appliquent à tous les navires de construction anglaise, en quelque lieu qu'ils soient enregistrés, dont les équipages sont congédiés, ou dont le port final de destination se trouve dans le Royaume-Uni.

Les dispositions relatives à l'embarquement et au congédiement d'hommes dans le Royaume-Uni, et aux volontaires pour la marine royale, s'appliquent à tous les navires anglais, en quelque lieu qu'ils soient enregistrés.

De même, tout ce qui concerne les salaires, l'embarquement et le congédiement, l'abandon d'hommes et les secours qui leur sont donnés dans les ports étrangers, les vivres, les soins médicaux, le logement, le droit des marins de porter plainte et leur recours contre les impositions, la discipline, les cours martiales en haute mer et à l'étranger ; tout cela s'applique aux navires coloniaux, quand ils se trouvent hors du cercle de juridiction de leurs gouvernements respectifs.

La totalité de la troisième partie s'applique aux navires enregistrés dans le Royaume-Uni, ou dans l'une des possessions britanniques, et faisant le commerce entre un point quelconque du Royaume-Uni et un point non situé dans ladite possession. Sont seuls exceptés de cette disposition, les bâtiments exclusivement employés à la pêche sur les côtes, les bâtiments affectés au service des phares et les yachts de plaisance.

SECTION I.

Conseils locaux de marine.

Art. 110. Il y aura des *Conseils locaux de marine (local marine Boards)* chargés, sous la surintendance du Conseil du commerce (*Board of Trade*), de mettre à exécution les dispositions du présent Acte. Ces conseils seront établis dans les ports du Royaume-Uni qui déjà en étaient pourvus, et dans tels autres ports que le Conseil du commerce jugera bon de choisir à cette fin. Ils se composeront comme suit : le maire ou *prévôt (provost)* et le magistrat payé, membres d'office, les membres choisis par le Conseil du commerce parmi les personnes résidant, ou faisant des affaires dans le port ou à sept milles aux environs ; enfin, six membres élus par les propriétaires de navires qui font le long cours, ou le transport local des passagers, et qui sont enregistrés dans ce port.

Les élections auront lieu tous les trois ans, au 25 janvier ; les vacances seront remplies dans un délai d'un mois ; le Conseil du commerce prononcera dans toutes les difficultés résultant des élections.

Art. 111. Les propriétaires enregistrés des navires faisant le long cours, ou le transport local des passagers, auront, dans ces élections, une voix par 250 tonneaux de propriété flottante, sans pouvoir réunir plus de dix voix. Si la propriété est divisée, chaque copropriétaire aura le nombre de voix correspondant à ses parts, et si ces parts ne constituent pas isolément le tonnage requis, le copropriétaire résidant dans le port, ou dans un rayon de sept milles, et qui figurera le premier sur les registres de l'Enregistreur, sera électeur.

Art. 112. La liste des électeurs sera dressée un an avant l'époque des élections, par les soins du receveur ou du contrôleur des douanes, dans chaque port pourvu d'un Conseil local de marine ; elle sera affichée.

Art. 113. Vingt jours avant les élections, le maire ou le prévot du port désignera deux *juges de paix (justices of the peace)* pour reviser la liste des électeurs ; avis de cette révision sera donné au public, et les rectifications demandées, et reconnues fondées par lesdits juges de paix, seront définitives ; la liste ainsi rectifiée sera valable pour trois ans.

Art. 114. L'Enregistreur général et l'Enregistreur local fourniront, pour la révision des listes, tous documents qui leur seront demandés.

Art. 115. Les frais d'impression de ces listes, avis, etc., seront payés par le Conseil du commerce.

Art. 116. N'ont qualité pour voter que les personnes portées sur la liste revisée.

Art. 117. Tout électeur peut être élu.

Art. 118. Une erreur d'élection n'entache pas de nullité un acte accompli par le Conseil local dans lequel l'erreur a eu lieu.

Art. 119. Toutes les minutes et tous les livres des Conseils locaux de marine sont soumis à l'inspection du Conseil du commerce.

Art. 120. Si un Conseil local de marine néglige d'accomplir les devoirs qui lui incombent, le Conseil du commerce peut assumer les fonctions de ce Conseil, ou prescrire qu'il soit procédé par élection à son renouvellement.

Art. 121. Le Conseil du commerce peut également, s'il reçoit des plaintes, modifier tous actes ou arrangements faits par les dits Conseils locaux.

SECTION II.

Bureaux d'embarquement (*Shipping offices*).

Art. 122. Le Conseil local de marine établira dans son port un ou plusieurs bureaux d'embarquement. Ces bureaux, confiés à des *Contrôleurs d'embarquement* (*Shipping masters*), assistés de fondés de pouvoirs et de commis, seront sous la direction supérieure du Conseil local.

Art. 123. Le Conseil du commerce sanctionne le nombre et le salaire des employés des bureaux d'embarquement et toutes autres dépenses y relatives ; il contrôle les actes de ces bureaux, en tout ce qui concerne leurs recettes et leurs déboursés ; il requiert telles garanties des employés qu'il juge convenables, provoque leur remplacement s'il y a lieu, etc.

Art. 124. Les Contrôleurs d'embarquement ont pour mission : de tenir les registres des noms et des certificats des matelots, de diriger et de faciliter leur engagement et leur congédiement, d'assurer leur présence à bord au moment voulu, de faciliter l'entrée d'apprentis dans la profession maritime, enfin de remplir tous devoirs relatifs aux marins et aux navires du commerce qui sont mentionnés dans l'Acte.

Art. 125. Des droits qui ne peuvent excéder les sommes spécifiées au tarif fixé et qui seront déterminées par le Conseil du commerce, sont payés au Contrôleur d'embarquement lors des engagements ou des congédiements faits par son intermédiaire.

Art. 126. Ces droits sont payés par les propriétaires. Ceux-ci peuvent, pour se couvrir de leurs déboursés, retenir sur les salaires des hommes engagés une somme fixée par le tarif.

Art. 127. Les Contrôleurs d'embarquement qui reçoivent une rémunération autre que celle ci-dessus spécifiée, sont passibles de 20 *l. s.* d'amende et de remplacement.

Art. 128. Le Conseil du commerce peut, avec le consentement des Commissaires des douanes, prescrire que là où il n'y a pas de bureau d'embarquement, tout ou partie des attributions de ce bureau seront confiées à la douane.

Art. 129. A Londres, les Contrôleurs d'embarquement pourront être pris par le Conseil du commerce parmi les agents des *Sailor's-homes* (*asiles des matelots*) ; ils seront, dans ce cas, sous le contrôle immédiat dudit Conseil et non plus sous celui du Conseil local de marine.

Art. 130. Le Conseil du commerce peut, quand il le juge à propos, se dispenser du concours d'un Contrôleur d'embarquement, sans que les actes ainsi accomplis aient moins de validité.

SECTION III.

Examens et certificats des capitaines et des officiers de commerce.

Art. 131. Les Conseils locaux de marine doivent pourvoir à l'examen des candidats aux fonctions de capitaines et d'officiers du commerce, pour la navigation au long cours et pour le transport local des passagers ; ils désignent les examinateurs et sont présents aux examens.

Art. 132. Le Conseil du commerce peut, quand il le juge à propos, poser des règles en ce qui touche la conduite de ces examens, les conditions requises des candidats, les aptitudes, le nombre et les appointements des examinateurs.

Art. 133. Le Conseil du commerce fixe, conformément au tarif, les droits à payer par les candidats.

Art. 134. Des certificats de capacité sont délivrés par le Conseil du commerce aux candidats admissibles, à moins que ce Conseil ne considère pas le rapport de l'examen comme digne de foi, auquel cas il peut en prescrire un nouveau.

Art. 135. Des certificats de *services*, différents de ceux de capacité, seront délivrés : 1° aux marins ayant servi comme capitaines ou officiers du commerce avant le 1er janvier 1851 et aux officiers de la marine royale ou de la marine de l'Inde pourvus du rang de lieutenant, de master, de mate (sous-lieutenant) ou second master, ou de tout autre rang supérieur (ces certificats seront valables pour commander au long cours) ;

2° Aux marins ayant servi comme capitaines ou officiers du commerce à bord des navires faisant le transport local des passagers, avant le 1er janvier 1854 (ces certificats seront valables pour commander lesdits navires).

Art. 136. Aucun navire de long cours, ou faisant le transport local des passagers, ne peut prendre la mer, si son capitaine ou ses officiers ne sont porteurs de leurs certificats de capacité ou de services.

Art. 137. Les certificats pour le long cours sont valables pour le transport local des passagers.

Art. 138. L'Enregistreur est tenu d'enregistrer l'octroi, l'annulation, la suspension ou la modification de tout certificat, et toutes copies légalisées desdits certificats sont réputées en justice témoignages *prima facie*.

Art. 139. En cas de perte d'un certificat original, une copie légalisée en sera délivrée et servira aux mêmes fins.

Art. 140. Seront réputés *délits* toute fausse représentation tendant à l'obtention d'un certificat, comme aussi toute imitation ou altération frauduleuse et tout usage illégal, etc., dudit certificat.

SECTION IV.

Apprentis (*Apprentices to the sea service*).

Art. 141. Les Contrôleurs d'embarquement sont tenus de contribuer de tous leurs moyens à attirer des jeunes gens au service de la mer, et peuvent, en rémunération de leurs peines, recevoir de ceux qu'ils engagent un droit fixé par le Conseil du commerce.

Art. 142. Les contrats d'apprentissage des enfants pauvres doivent être faits en présence de deux juges de paix, qui s'assureront que l'enfant consent, qu'il est âgé de douze ans, sain et fort, et que le capitaine remplit les conditions désirables.

Art. 143. Les contrats d'apprentissage sont exempts du timbre; ils se font en double expédition et sont enregistrés.

Art. 144. Règles à suivre en ce qui touche l'apprentissage des enfants pauvres, en Angleterre et en Irlande respectivement.

Art. 145. Les apprentis et leurs contrats doivent être présentés au Contrôleur d'embarquement avant chaque départ d'un navire au long cours.

SECTION V.

Engagement des matelots.

Art. 146. Le Conseil du commerce peut conférer à qui il le

juge bon une licence pour engager et procurer des matelots et des apprentis aux navires anglais.

Art. 147. 20 *l. s.* d'amende peuvent être infligées à ceux qui procurent des matelots sans y être autorisés;

20 *l. s.* à ceux qui emploient à cette fin des gens non autorisés;

20 *l. s.* à ceux qui reçoivent des matelots procurés illégalement.

Art. 148. Une amende de 5 *l. s.* est infligée à ceux qui demandent ou reçoivent une rémunération de matelots pour les embarquer.

Art. 149. Tout capitaine (ceux de caboteurs de moins de 80 tonneaux exceptés) est tenu, dans le contrat qu'il passe en engageant un matelot, d'employer l'imprimé sanctionné par le Conseil du commerce; il doit y spécifier : la nature et la durée supposée du voyage projeté ou de l'engagement; le chiffre et l'espèce d'équipage, notamment le nombre des matelots; le moment où le matelot doit être rendu à bord ou commencer son service, et en quelle qualité; le salaire qu'il doit recevoir; les provisions auxquelles il a droit, et tous règlements relatifs à sa conduite à bord. Ledit contrat peut d'ailleurs contenir toute autre stipulation non contraire aux lois. Les navires coloniaux qui complètent leur équipage en Angleterre ne sont pas tenus à adopter l'imprimé du conseil du commerce.

Art. 150. Pour les navires de long cours, les contrats d'engagement, quand ils sont faits dans le Royaume-Uni, doivent, après avoir été dûment expliqués à chaque matelot, être signés par-devant un Contrôleur d'embarquement et certifiés par lui en *duplicata*. — Une disposition semblable s'applique aux hommes appelés à remplacer, comme substituts, ceux qui manquent à leurs engagements.

Art. 151. Les navires de long cours qui ne font que des voyages de moins de six mois peuvent avoir des *contrats courants (running agreements)*, valables seulement pour deux ou trois voyages; l'engagement et le congédiement se faisant d'ailleurs comme pour les autres navires de long cours.

Art. 152. Le capitaine du navire au long cours qui a passé un contrat courant doit, à chaque retour dans un port du Royaume-Uni, congédier par-devant le Contrôleur d'embarquement les hommes qui ont fini leur engagement et rengager ceux qui lui sont nécessaires; il déclarera de plus sur ledit contrat qu'il ne congédiera ou n'engagera personne autre avant de partir, et le Contrôleur, après avoir déclaré également sur le contrat que les dispositions de l'Acte ont été accomplies, rendra le contrat au capitaine.

Art. 153. Le duplicata des contrats courants doit, soit être transmis à l'Enregistreur général, soit être gardé par le Contrôleur d'embarquement, selon que le Conseil du commerce en dispose.

Art. 154. Des droits sont payés à l'occasion de ces contrats courants.

Art. 155. Pour les navires qui font la navigation locale, les contrats d'engagement peuvent être passés indifféremment devant le *Contrôleur d'embarquement* ou devant un autre témoin; et dans le cas où cette condition n'a pu être remplie, le capitaine doit, avant de prendre la mer, ou aussitôt qu'il est parti, la remplir en présence d'un témoin.

Art. 156. Quand plusieurs navires faisant la navigation locale appartiennent à un même propriétaire, le contrat d'engagement des matelots peut être fait par le propriétaire lui-même, et les matelots peuvent être engagés pour servir sur deux ou plusieurs des navires en question.

Art. 157. 5 *l. s.* d'amende sont infligées au capitaine qui prend à son bord un homme sans avoir passé un contrat avec lui.

Art. 158. 5 *l. s.* d'amende sont infligées au capitaine qui néglige d'informer le *Contrôleur d'embarquement* le plus voisin de tout changement apporté dans son équipage.

Art. 159. Les matelots engagés dans les colonies doivent être embarqués par-devant un *Contrôleur d'embarquement* ou un agent des douanes, sous les pénalités édictées en ce qui concerne le Royaume-Uni.

Art. 160. Les matelots engagés en pays étranger doivent être embarqués avec la permission et en présence du consul britannique, et dans la forme prescrite ci-dessus pour les engagements devant les *Contrôleurs d'embarquement* dans le Royaume-Uni.

Art. 161. Les certificats de capacité des capitaines et des officiers des navires de long cours doivent être présentés, au moment de l'engagement, au *Contrôleur d'embarquement*, qui leur délivrera un certificat. La même règle s'applique, dans le cas de contrats courants, avant le second voyage et avant chaque voyage subséquent. Ce certificat doit être produit devant le receveur ou le Contrôleur des douanes ; faute de cette formalité, *l'expédition en douane (clearance)* du navire sera retardée s'il est sur son départ, et son admission ajournée s'il est sur son retour.

Art. 162. Les contrats d'engagement pour les navires qui font la navigation locale sont valables pour six mois, ou jusqu'à retour du navire à son point final de destination, ou jusqu'à déchargement de la cargaison ; ils doivent être remis au Contrôleur d'embarquement. Si le navire fait le transport de passage, les certificats du capitaine et des officiers seront produits ; — faute de cette formalité, l'expédition sera retardée. — Amende de 5 *l. s.*

Art. 163. Les changements faits dans des contrats sont nuls, s'ils ne sont attestés avoir eu lieu avec le consentement de toutes les parties.

Art. 164. Est réputée *délit* la falsification d'un contrat d'engagement.

Art. 165. Sont reconnues valables de la part d'un matelot les preuves établissant son engagement, sans qu'il soit pour cela tenu à produire le même contrat.

Art. 166. Copie lisible des contrats est affichée à bord par les soins du capitaine, sous peine de 5 *l. s.* d'amende.

Art. 167. Le matelot qui, ayant signé un contrat d'engagement, se trouve congédié, sans qu'il y ait de sa faute, avant le commencement du voyage, ou avant d'avoir acquis un mois de salaire, a droit à une compensation qui ne peut excéder un mois de salaire.

SECTION VI.

Délégations sur les salaires.

Art. 168. Toute délégation consentie par un matelot sur son salaire doit être particularisée dans son contrat ; et les bons de délégation seront conformes à l'imprimé sanctionné par le Conseil du commerce.

Art. 169. Le recouvrement des bons de délégation peut être poursuivi sommairement par les parents des matelots sous certaines conditions ; mais la femme qui abandonne ses enfants, ou mène une mauvaise vie, perd le bénéfice de la délégation.

SECTION VII.

Congédiement et payement des salaires.

Art. 170. Le congédiement dans un port du Royaume-Uni des matelots de tout navire anglais, quel que soit d'ailleurs le point des domaines de Sa Majesté où ce navire est enregistré, doit, ainsi que le payement des salaires, s'opérer en présence du Contrôleur de débarquement, à moins qu'une cour compétente n'en décide autrement. Les infractions sont punies de 10 *l. s.* d'amende.

Si le navire fait une navigation locale, les matelots peuvent, à la demande du capitaine ou des propriétaires, être congédiés et payés de la même manière.

Art. 171. Le capitaine, avant de congédier aucun homme, doit lui délivrer un compte de ses salaires mentionnant les retenues à opérer et les motifs de ces retenues, conformément à la mention qui en a dû être faite, sur le livre à ce affecté, dans le cours du voyage. — Ce compte est remis au Contrôleur d'embarquement, si le congédiement se fait par-devant cet agent.

Art. 172. En congédiant un matelot, le capitaine doit, sous peine de 10 *l. s.* d'amende, lui délivrer uu certificat de congédiement dans la forme prescrite, et sous peine de 20 *l. s.* d'amende, rendre à l'officier congédié son certificat de capacité.

Art. 173. Le Contrôleur d'embarquement peut, avec le consentement des intéressés, décider toute contestation entre le capitaine, ou le propriétaire du navire, et les matelots; sa décision est sans appel et fait foi *prima facie* en justice.

Art. 174. Dans toute affaire de salaires, réclamations, ou congédiement portée devant un Contrôleur d'embarquement, celui-ci peut exiger la production de tous journaux de bord, papiers, ou autres documents y relatifs, comme aussi faire comparaître toute personne présente sur les lieux ou au voisinage. Amende de 5 *l. s.* infligée aux contrevenants.

Art. 175. En vue d'amener le règlement final des salaires, une décharge réciproque des parties devra être signée par-devant le Contrôleur d'embarquement et certifiée par lui. Cette décharge sera valable pour les deux parties, et la copie réputée preuve. Aucun autre reçu ne pourra tenir lieu de cette pièce. Le Contrôleur d'embarquement devra remettre au capitaine, si celui-ci le demande, un état certifiant chaque payement fait par-devant lui ; cet état sera réputé preuve.

Art. 176. Le capitaine est invité (à moins cependant que dans la colonne à ce destinée, il n'exprime le refus de le faire) à fournir un rapport sur la conduite, le caractère et les aptitudes des personnes congédiées. Le Contrôleur d'embarquement, si on lui en fait la demande, mentionnera ce rapport sur le certificat de congédiement, ou en délivrera copie. Sera réputé *délit* l'octroi d'un certificat ou d'un rapport faux.

SECTION VIII.

Remise des salaires et Caisses d'épargne pour les matelots.

Art. 177. Le Conseil du commerce peut donner aux matelots les facilités nécessaires pour faire remise de leurs salaires au nom de leurs parents ou d'autres personnes, au moyen de billets à ordre émis par les Contrôleurs d'embarquement ; il est aussi autorisé à faire dans ce but tels règlements qu'il juge utile, sans qu'aucune poursuite légale puisse être exercée contre lui, ou contre ses agents, au sujet de ces règlements, à moins que la poursuite ne soit fondée sur un fait de fraude ou de délit prémédité de la part desdits agents.

Art. 178. Si un de ces billets à ordre vient à être perdu, le Conseil du commerce peut en prescrire le payement à celui au nom de qui il était fait, sans encourir pour cela aucune responsabilité.

Art. 179. Est réputé félon le Contrôleur d'embarquement qui émet avec une intention frauduleuse un billet à ordre ; si c'est en Écosse, il est passible de quatre ans de servitude pénale.

Art. 180. Des caisses d'épargne peuvent, avec la permission du Contrôleur général ou des commissaires pour la réduction de la dette, et sur la recommandation du Conseil de commerce, être instituées dans les bureaux d'embarquement, ou ailleurs. Ces caisses recevront, au compte des matelots ou de leurs familles, jusqu'à 150 *l. s.*, selon les règles prescrites par lesdits Contrôleurs ou commissaires.

SECTION IX.

Droits légaux aux salaires.

Art. 181. Le droit d'un matelot à son salaire et à ses vivres date du jour où il commence son ouvrage, ou du moment convenu dans le contrat, si ce moment arrive avant.

Art. 182. Est réputé nul de plein droit :

Tout consentement d'un matelot à renoncer à son nantissement sur le navire, ou à tout autre moyen de recouvrer son salaire ;

Tout engagement à abandonner son salaire en cas de perte du navire, ou sa part de sauvetage ;

Toute stipulation contraire aux dispositions de l'Acte.

Art. 183. Le droit au salaire est complétement indépendant de la réalisation du fret ; mais le matelot qui, en cas de naufrage ou de perte du navire, n'a pas fait de son mieux pour sauver le navire, perd ce droit.

Art. 184. La mort du matelot n'infirme pas ses droits au salaire qu'il avait gagné.

Art. 185. Si les services d'un matelot sont interrompus par suite de maladie ou de naufrage du navire, il a droit à son salaire pour le temps de ses services.

Art. 186. Le salaire du matelot ne court pas pour le temps qu'il refuse de travailler ou qu'il est en prison.

Le salaire doit être payé, pour les navires qui font la navigation locale, 2 jours après l'expiration du contrat, ou au moment du congédiement, s'il arrive avant ;

Pour les autres navires (excepté ceux qui pêchent la baleine dans les mers du Sud, et qui accordent aux matelots une participation aux bénéfices), 3 jours après le débarquement de la cargaison.

Dans tous les cas, le matelot a droit, au moment de son congédiement, à un à-compte du quart de son crédit. Le capitaine ou le propriétaire qui sans motif plausible enfreint ces dispositions doit au matelot, pour chaque jour de retard et pendant 10 jours, 2 jours de solde.

SECTION X.

Mode de recouvrement du salaire, toutes les fois que le salaire dû n'excède pas 50 l. s.

Art. 187-188. Le matelot, ou son fondé de pouvoir, peut poursuivre sommairement le recouvrement de son salaire par-devant deux juges de paix dans la localité où son service s'est terminé ; ou bien là où il a été congédié, ou bien là où ceux sur lesquels il a recours résident.

Art. 189. Aucune poursuite à fin de recouvrement de salaire ne peut-être instituée devant la cour d'Amirauté ou les cours de *record*, pour une somme inférieure à 50 *l.s.*, à moins que le propriétaire ne soit réputé failli ou insolvable; à moins que le navire ne soit sous séquestre ou vendu par autorité de ladite cour; à moins que les juges de paix ne réfèrent le cas à ladite cour, ou encore à moins que le propriétaire ou le capitaine ne résident pas dans un rayon de 20 milles du point sur lequel a eu lieu le congédiement ou laisser-à-terre.

Art. 190. Nul matelot engagé pour un voyage qui doit se terminer dans le Royaume-Uni n'est fondé à poursuivre en cours de voyage le recouvrement de son salaire, s'il n'est dûment congédié, ou, dans le cas contraire, s'il n'a un motif légitime de craindre pour sa vie en continuant à rester à bord. — Mais s'il est prouvé, au retour du navire en Angleterre, que le capitaine ou le propriétaire se soit rendu coupable de faits qui, s'ils n'avaient pas eu lieu, auraient autorisé le matelot à poursuivre le recouvrement de son salaire avant la fin du voyage, ce matelot aura droit, outre son salaire, à 20 *l. s.* d'indemnité.

Art. 191. Le capitaine a les mêmes droits et priviléges que l'équipage pour le recouvrement de son salaire.

SECTION XI.

Secours distribués aux familles des marins sur les fonds de la taxe
des pauvres.

Art. 192. Les secours distribués aux familles de marins sur les fonds de la taxe des pauvres sont imputables sur le salaire dans les proportions suivantes :

Pour une seule personne secourue, jusqu'à concurrence de moitié du salaire;

Pour deux personnes, jusqu'à concurrence des deux tiers. Si le marin avait consenti une délégation, l'imputation ne pourra être que de la différence entre la proportion ci-dessus spécifiée et le montant de la délégation.

Art. 193. Dans le but d'obtenir le remboursement à la paroisse du montant des secours distribués, l'avis doit être donné au propriétaire du navire et la réclamation être dûment poursuivie au retour du marin.

Art. 194. Les capitaines prennent charge des effets des matelots décédés, ou, s'ils le jugent convenable, les font vendre ; ils doivent détailler au casernet du bord les effets ou valeurs pris en charge par eux, comme aussi tous les articles vendus et le prix qu'ils ont obtenu, avec le montant du salaire acquis et des retenues s'il y en a.

Art. 195. Ces effets ou ce salaire doivent être remis entre les mains du consul ou du contrôleur d'embarquement, suivant le lieu, avec un état détaillé. Certificat de cette remise est dû au capitaine.

Art. 196. 50 *l. s.* d'amende sont infligées au capitaine qui néglige de prendre la charge susmentionnée, de remettre ou de tenir compte desdites valeurs ou hardes, etc., etc.

Art. 197. Les agents des douanes et les consuls sont tenus de prendre charge des valeurs et effets laissés par les marins qui meurent en cours de campagne, ailleurs qu'à bord de leurs navires, et d'en faire la remise au Conseil du commerce.

Art. 198. Le salaire et les effets des marins qui meurent en Angleterre sont remis au Contrôleur d'embarquement ou au Conseil du commerce.

Art. 199. Si ces valeurs et effets ne dépassent par 50 *l. s.*, ils peuvent être remis sans formalité juridique à la personne qui y a droit ; s'ils dépassent 50 *l. s.*, ils doivent être remis aux représentants légaux.

Art. 200. Le Conseil du commerce est investi, dans l'intérêt des familles, de pouvoirs discrétionnaires quant au mode et aux conditions de l'exécution des dispositions testamentaires des marins.

Art. 201. En ce qui touche les créanciers, des dispositions sont stipulées pour faire droit aux réclamations fondées et pour prévenir les réclamations frauduleuses.

Art. 202. Si le salaire d'un marin demeure 6 années sans être réclamé, le Conseil du commerce est autorisé à recevoir ou à rejeter d'une manière absolue toute réclamation subséquente, et les sommes provenant des salaires non réclamés sont versées au « Fonds consolidé. »

Art. 203. Toute manœuvre frauduleuse, toute fausse représentation tendant à l'obtention du salaire ou des effets d'un marin décédé, est passible de 4 ans de servitude pénale.

Art. 204. Les effets des marins congédiés de la marine royale et qui, rapatriés par des bâtiments de commerce, viennent à mourir sur ces bâtiments, sont mis à la disposition du Comptable général de la marine.

SECTION XIII.
Marins débarqués en cours de campagne.

Art. 205. Quand des marins sont congédiés en cours de campagne, par suite de vente du navire ou autrement, des certificats de congédiement leur sont remis, et, à moins que ces marins ne trouvent un emploi correspondant à celui qu'ils perdent, ils sont rapatriés aux frais du propriétaire.

Art. 206. L'abandon volontaire d'un marin à terre est réputé *délit*.

Art. 207. Aucun marin ne peut être congédié ou laissé à terre en cours de campagne sans être pourvu par les soins du capitaine d'un certificat en règle émanant de l'autorité compétente, savoir, suivant le pays :

Le Contrôleur d'embarquement ou autre agent autorisé, le consul, ou, en l'absence du consul, deux commerçants respectables de la localité.

L'infraction à cette disposition est réputée délit. Les agents autorisés à délivrer le certificat peuvent d'ailleurs, sur examen du cas, le refuser.

Art. 208. Le capitaine est seul responsable des diligences à faire pour l'accomplissement des formalités ci-dessus.

Art. 209. Quand des marins sont laissés à terre sous prétexte d'inaptitude, un compte en duplicata de leur salaire. doit, par les soins du capitaine, être remis avec le montant de ce salaire aux mains de l'autorité compétente; savoir, suivant le pays :

Au Contrôleur d'embarquement ou à tout autre agent autorisé, au consul, ou, en l'absence du consul, à un commerçant respectable.

L'infraction est punie de 10 *l. s.* d'amende, et le faux compte de 20 *l. s.*

Art. 210. Le salaire, sujet d'ailleurs aux retenues pour subsistance et rapatriement, est remis au marin avec son compte.

Art. 211. Les marins à terre et dans le dénûment, hors du Royaume-Uni, doivent être secourus et rapatriés par les navires anglais qui ont besoin de bras, ou, si ces navires font défaut, aux frais du trésor public. Ce soin incombe aux gouverneurs, aux officiers de Sa Majesté et, à leur défaut, à deux commerçants notables.

Art. 212. Les capitaines sont tenus, sous peine de 100 $l.\,s.$ d'amende, de recevoir et de nourrir à leur bord les marins en détresse, et sont remboursés sur les fonds votés par le Parlement à cet effet.

Art. 213. Le Conseil du commerce est autorisé à poursuivre le recouvrement du salaire des marins en détresse laissés indûment à terre en cours de campagne, ainsi que des déboursés faits pour les secourir.

SECTION XIV.

Marins quittant leurs navires pour servir comme volontaires
dans la marine royale.

Art. 214. Il est permis aux marins de quitter leurs navires pour entrer dans la marine royale, sans encourir les peines infligées à la désertion.

Art. 215. Les hardes et effets de ces marins leur sont, dans ce cas, délivrés, et leur salaire est remis, avec le compte justificatif, à l'officier de la reine.

Art. 216. Si le marin n'a pas, au moment où il quitte son navire, gagné le salaire qu'il avait reçu, le capitaine, ou le propriétaire du navire, est fondé à demander à l'Amirauté le remboursement de ce qu'il peut prouver lui rester dû.

Art. 217. Quand de nouveaux marins sont engagés pour remplacer ceux qui sont entrés dans la marine royale, le propriétaire peut demander à l'Enregistreur de la haute Cour et à l'Amirauté le remboursement des fonds auxquels ce remplacement les a obligés.

Art. 218. Ledit Enregistreur, dans ce cas, prévient le secrétaire de l'Amirauté et procède à l'examen des pièces qui établissent le droit à l'indemnité. Si le droit est établi, l'indemnité est accordée au propriétaire; si elle est refusée, celui-ci peut en poursuivre le recouvrement devant la Cour, et, quand il obtient gain de cause, il lui est accordé outre l'indemnité, 5 $l.\,s.$ par homme pour frais de procédure.

Art. 219. Le Comptable général de la marine, sur le reçu du certificat de l'Enregistreur qui constate le droit à l'indemnité, rembourse au propriétaire les sommes y mentionnées.

Art. 220. Est réputée délit, toute falsification ou fausse représentation tendant à obtenir ladite indemnité.

SECTION XV.

Provisions, soins médicaux, logements.

Art. 221. Trois hommes d'un équipage (pas moins) sont fondés à formuler une plainte collective relativement à la mauvaise qualité, ou à l'insuffisance de l'eau ou des vivres. Sur cette plainte, une enquête peut être instituée et le capitaine peut être mis en demeure de pourvoir au remplacement de l'eau et des vivres. Ces plaintes sont reçues par les officiers de marine, par les consuls, par les Contrôleurs d'embarquement, ou par les agents des douanes. L'examen, quand il a lieu, est mentionné au journal du bord.

Une amende de 20 *l. s.* est infligée au capitaine qui dans ce cas ne se conforme pas à la décision qui lui est signifiée.

Art. 222. Les plaintes non fondées sont punissables de la confiscation d'une semaine de salaire.

Art. 223. Une compensation est due au marin pour provisions de mauvaise qualité, ou insuffisantes, fournies pendant le voyage, savoir :

Si la réduction n'a pas excédé un tiers de la ration stipulée dans le contrat, 4 deniers (40 c.) par jour;

Si la réduction a été de plus d'un tiers, 8 deniers (80 c.);

Si les vivres ont été mauvais, 1 shilling (1 fr. 25 c.);

Si la réduction sur certaines denrées a été indépendante de la volonté du capitaine, et s'il a remplacé ces denrées par d'autres, la compensation peut être refusée par la Cour.

Art. 224. Un approvisionnement suffisant et convenable de médicaments, conformes aux prescriptions fixées par le Conseil du commerce, doit être embarqué à bord de tous les navires. Ceux qui font le long cours seront pourvus de jus de citron et de tels autres ingrédients que fixera le Conseil de commerce, comme aussi de sucre et de vinaigre. (Peuvent seuls être exemptés de cette disposition les navires qui fréquentent les ports de la Méditerranée et des côtes E. d'Amérique, situées au N. du trente-cinquième parallèle.)

Ces ingrédients seront distribués régulièrement dès que l'usage des vivres salés aura duré dix jours, et seront continués aussi longtemps que cet usage durera, sur le pied de :

1/2 once de jus de citron et 1/2 once de sucre, par jour et par homme ;

1/2 pinte de vinaigre, par semaine et par homme.

Le fait de ne pas embarquer ces ingrédients est puni de 20 *l. s.* d'amende, et celui de ne pas les distribuer de 5 *l. s.*

Art. 225. Les capitaines sont tenus, sous peine de 10 *l. s.* d'amende, d'avoir à leur bord les poids et mesures nécessaires aux hommes pour peser et mesurer leurs vivres en présence d'un témoin.

Art. 226. Le Conseil de commerce et les Conseils locaux de marine désignent des inspecteurs spéciaux chargés de s'assurer que les navires sont convenablement approvisionnés.

Aucun navire ne pourra prendre la mer s'il ne présente le certificat desdits inspecteurs ; — amende de 20 *l. s.* infligée aux contrevenants.

Art. 227. Une amende de 20 *l. s.* punit ceux qui vendent de mauvais remèdes ou de mauvais approvisionnements médicaux.

Art. 228. Le propriétaire du navire a à sa charge les soins médicaux à donner aux marins, leur rapatriement, et leur enterrement en cas de mort, si ces marins sont tombés malades dans l'accomplissement d'un service ; ils ont également à leur charge l'entretien temporaire des marins hors du navire, quand ils en sont éloignés en vue d'éviter l'infection, et les médicaments dépensés à bord pour leur usage. Dans les autres cas, toutes dépenses raisonnables faites pour maladie, ou enterrement, peuvent être déduites du salaire du marin.

Art. 229. Celles des dépenses ci-dessus qui incombent au propriétaire et qui sont payées par un consul ou par tout autre agent, seront recouvrables du capitaine ou du propriétaire, sur la simple production d'un certificat attestant les faits.

Art. 230. Tout navire au long cours, portant cent passagers ou plus, doit, sous peine de 100 *l. s.* d'amende par voyage, être pourvu d'un officier de santé dûment autorisé à pratiquer comme médecin, chirurgien ou pharmacien.

Cette disposition n'affecte en rien celle de l'Acte des passagers de 1852, et n'oblige nullement à avoir un médecin ceux des navires à passagers que cet Acte en dispense.

Art. 231. Les règles suivantes sont de rigueur, en ce qui concerne le logement des marins à bord :

L'homme qui couche dans un hamac doit avoir au moins

neuf pieds carrés d'espace superficiel, sur six pieds de hauteur, c'est-à-dire cinquante-quatre pieds cubes d'air libre.

L'homme qui couche ailleurs que dans un hamac doit avoir douze pieds carrés sur six pieds de hauteur, c'est-à-dire soixante-douze pieds cubes d'air libre.

20 *l. s.* d'amende aux contrevenants, et 10 *l. s.* si le volume d'air en question est obstrué d'une manière quelconque.

SECTION XVI.
Droit de porter plainte.

Art. 232. Les marins embarqués ont le droit, après en avoir déclaré au capitaine l'intention, de porter plainte devant un juge de paix, un consul ou un officier de la marine, contre le capitaine ou les personnes de l'équipage.

Le capitaine qui, sans motif plausible, s'oppose à la démarche projetée du marin sera passible de 10 *l. s.* d'amende.

SECTION XVII.
Protection des marins contre les exactions.

Art. 233. Le salaire des marins est incessible, et le contrat qui l'aliène en tout ou en partie est vide de plein droit.

Art. 234. Aucune dette excédant 5 shillings (6 fr. 25 c.) n'est recouvrable d'un marin avant la fin du voyage.

Art. 235. Une amende de 10 *l. s.* est infligée aux logeurs qui se rendent coupables d'exaction vis-à-vis des marins.

Art. 236. Même amende à ceux qui retiennent en leur possession de l'argent, des papiers ou effets appartenant à un marin, et qui ne les rendent pas sur réquisition de l'intéressé, après s'être remboursés de ce qui leur est légitimement dû.

Le cas est déféré à deux juges de paix.

Art. 237. Nul, s'il n'appartient au service de S. M., n'est autorisé à aller à bord d'un navire avant son entrée définitive dans les docks, à moins qu'il n'en ait la permission du capitaine. Amende de 20 *l. s.* et passibilité d'arrestation.

Art. 238. Une amende de 5 *l. s.* punit les logeurs qui, avant l'expiration de vingt-quatre heures depuis l'arrivée d'un navire, sollicitent un marin de loger chez eux ou qui, sans sa permission, emportent du navire une partie quelconque des effets dudit marin.

SECTION XVIII.

Discipline.

Art. 239. Tout capitaine ou matelot qui, par omission ou négligence volontaire dans l'accomplissement de son devoir, ou par ivresse, compromet soit le navire, soit la vie ou un membre de quelqu'un de l'équipage, est coupable de *délit* (*misdemeanour*).

Art. 240. Les Cours ayant juridiction d'Amirauté ont le pouvoir, si la nécessité leur en est prouvée, de démonter un capitaine et de le remplacer quand la demande leur en est faite par le consignataire du navire, par l'agent du propriétaire, par un officier pourvu d'un certificat de capacité, ou par un tiers au moins de l'équipage.

Art. 241. Si le Conseil de commerce a des raisons pour penser qu'un capitaine est, par suite d'incapacité ou d'inconduite, impropre à remplir ses devoirs, il peut ouvrir une enquête, ou prescrire au Conseil local de marine d'en ouvrir une.

Art. 242. Le Conseil de commerce peut, selon les conclusions de l'enquête, annuler le certificat de capacité, soit complétement, soit pour un certain temps, et en délivrer plus tard un autre du même degré ou d'un degré inférieur.

Une amende de 50 *l. s.* est infligée au capitaine qui, ayant eu son certificat annulé ou suspendu, ne remet pas ce certificat au Conseil de commerce.

Art. 243. Les offenses suivantes commises par les marins sont punies sommairement, savoir :

La désertion, la négligence ou le refus de joindre son navire est punie de douze semaines d'emprisonnement, avec perte des effets laissés à bord et du salaire gagné. (Si la désertion a lieu en cours de campagne, recours est accordé contre le salaire que pourra gagner sur un autre navire le déserteur, afin de payer les frais qu'aura occasionnés son remplacement);

L'absence du navire dans les vingt-quatre heures qui suivent le départ, ou sans permission, en cours de campagne, de dix semaines d'emprisonnement ;

Le fait de quitter le navire à l'arrivée, avant qu'il soit en sûreté, de la perte d'un mois de salaire;

La désobéissance volontaire, de quatre semaines d'emprisonnement ;

La désobéissance répétée, de douze semaines d'emprisonnement ;

Les voies de fait envers le capitaine ou un officier, de douze semaines d'emprisonnement ;

Les complots de désobéissance ou de négligence des devoirs du bord, de douze semaines d'emprisonnement;

Le dommage volontaire causé au navire, ou la soustraction d'objets d'approvisionement ou du chargement, de douze semaines d'emprisonnement;

Le fait de contrebande occasionnant un dommage au capitaine ou au propriétaire, entraîne le remboursement du dommage, sans préjudice de la réparation exigible par les tribunaux.

Art. 244. Mention de toutes les offenses commises par les marins est faite au journal du bord; lecture et copie de la mention sont données au marin, et ses observations, s'il en fait, sont également mentionnées au journal et certifiées par le capitaine, par le second et par un homme de l'équipage.

Art. 245. Sont soumises aux dispositions disciplinaires qui précèdent, toutes personnes, à quelque titre que ce soit, qu'un capitaine est appelé à prendre légalement à son bord, comme aussi celles qui peuvent s'y trouver embarquées sans le consentement du capitaine ou du propriétaire.

Art. 246. Le capitaine ou le propriétaire peuvent, à quelque moment que ce soit d'un voyage, faire sans mandat arrêter les hommes déserteurs, ou absents illégalement, et les faire détenir vingt-quatre heures au plus pour les envoyer devant la Cour compétente.

Art. 247. Ou bien les faire retourner à leur bord.

Art. 248. Les marins qui subissent une punition, ou un emprisonnement, pour fait de désertion ou d'infraction à la discipline, peuvent, si leurs services deviennent necessaires, être renvoyés à bord avant l'expiration de leur peine.

Art. 249. Une copie des déclarations et des certificats de désertion en cours de campagne est envoyée en Angleterre et fait foi en justice.

Art. 250. La constatation de la désertion, en vue de la suppression du salaire, s'établit par la preuve que le marin engagé a quitté le navire avant la fin du voyage, à moins qu'il ne puisse satisfaire la Cour par la reproduction d'un certificat de décharge, ou en prouvant qu'il avait des raisons plausibles pour quitter le navire.

Art. 251. Les frais occasionnés pour établir l'offense commise par un marin et ceux d'emprisonnement, peuvent être prélevés sur son salaire jusqu'à concurrence de 3 *l. s.*

Art. 252. Le marin engagé au voyage ou à la part, et non pour une période de temps déterminée, et qui encourt une confiscation de salaire, subit cette confiscation d'une manière proportionnelle à ce qui a été fixé pour le cas des engagements au mois.

Art. 253. Le montant des confiscations est affecté d'abord au remboursement des frais occasionnés ; l'excédant est versé au trésor.

Art. 254. Les questions relatives aux confiscations et aux retenues peuvent être décidées par procédure régulière, bien que l'offense n'ait pas été l'objet d'une poursuite au criminel.

Art. 255. La fausse déclaration faite par un marin, en ce qui regarde son nom et le nom de son dernier navire, est punie d'une amende de 5 *l. s.*

Art. 256. Les amendes encourues par les marins pour inconduite sont inscrites au journal du bord ; copie en est lue et donnée à l'intéressé, et ces amendes sont, par les soins du capitaine, déduites du salaire du marin, pour être remises au Contrôleur d'embarquement, ou à tout autre agent dûment qualifié.

Art. 257. Une amende de 10 *l. s.* est infligée à ceux qui induisent les marins à déserter leur navire, ou à s'absenter de leur devoir, et une amende de 20 *l. s.* à ceux qui recèlent un marin en désertion, ou absent de son devoir.

Art. 258. Une amende de 20 *l. s.* est infligée à celui qui se cache à bord et qui prend la mer sans avoir rempli les formalités voulues.

Art. 259. Une amende de 100 *l. s.* est infligée au capitaine qui, remplacé en cours de campagne, ne remet pas à son successeur tous les documents relatifs à la navigation et à l'équipage.

SECTION XIX.
Cours navales en haute mer et hors du royaume.

Art. 260. Les officiers de la marine royale, et à leur défaut, les consuls sont autorisés à convoquer une *Cour Navale*, pour entendre les plaintes et pour éclairer les cas de naufrage, etc.

Art. 261. Ces Cours se composeront de trois membres au

moins, savoir : un officier de marine, un consul et un capitaine du commerce. Les autres membres seront choisis parmi les officiers de la marine ou du commerce, ou parmi les commerçants.

Art. 262. Ces Cours sont autorisées à administrer le serment, à convoquer les témoins, requérir les documents et doivent admettre à se défendre tous les intéressés.

Art. 263. Ces Cours, après avoir entendu le cas, peuvent démonter le capitaine, congédier les matelots, confisquer les salaires, décider les questions de salaire et d'amendes, prescrire des retenues à exercer sur le salaire pour couvrir les frais d'emprisonnement, envoyer en Angleterre les coupables pour y être jugés, ordonner le payement des frais de la procédure, accorder compensation pour les plaintes de peu d'importance, etc. Tous ordres de ces Cours lient les deux parties.

Art. 264. Tous ordres de ces Cours sont, quand la chose est praticable, enregistrés au journal du bord et signés par le président.

Art. 265. Un rapport des opérations de la Cour, signé par le président, est fourni au Conseil du commerce ; ce rapport, présenté par un agent dudit Conseil, fait foi en justice.

Art. 266. Toute personne qui sciemment empêche le dépôt d'une plainte, ou la marche d'une enquête, est passible de 50 *l. s.* d'amende, avec ou sans emprisonnement de douze semaines.

SECTION XX.
Crimes commis en mer ou à l'étranger.

Art. 267. Les délits commis contre les propriétés ou les personnes, hors des possessions de Sa Majesté, par des marins anglais, soit à bord, soit à terre, soit en mer, soit dans le port, sont de la juridiction de l'Amirauté d'Angleterre, et doivent être entendus, jugés et punis comme s'ils avaient été commis dans le rayon de juridiction de ladite Amirauté.

Art. 268. Les délinquants et les témoins nécessaires aux fins du jugement, sont conduits en Angleterre ou dans une des possessions britanniques pourvues d'une Cour compétente, et les dépenses de transport font partie des frais de poursuite, ou sont couvertes par les fonds affectés au rapatriement des marins en détresse à l'étranger. Tout capitaine requis de recevoir à son bord un délinquant ou des témoins, est passible, s'il s'y refuse, de 50 *l. s.* d'amende.

Art. 269. Le Contrôleur d'embarquement est tenu, à l'arrivée au port de tout navire de long cours, de s'enquérir des causes de mort des marins décédés à bord de ce navire et de mentionner ses observations sur la liste de l'équipage à lui remise par le capitaine ; et, s'il lui paraît que la mort ait été la conséquence de violences ou de sévices, il devra en faire un rapport au Conseil du commerce, ou, suivant le cas, commencer de suite des poursuites.

Art. 270. Si lors d'un jugement en Angleterre, ou dans une possession britannique, les témoins sont absents du royaume ou de cette possession, leur déposition faite antérieurement sous serment est admissible en témoignage, moyennant certaines formalités.

SECTION XXI.

Enregistrement des marins et états périodiques les concernant.

Art. 271. Le bureau d'Enregistrement général et des Archives des marins sera établi dans le port de Londres et placé sous le contrôle du Conseil de commerce; dans les autres ports, les affaires d'enregistrement seront conduites par le *Contrôleur d'embarquement*, ou par tout autre agent, sous le contrôle du Conseil de commerce.

Art. 272. L'Enregistreur général doit, avec les documents qui lui sont transmis, dresser et tenir un registre de toutes les personnes qui servent sur les navires de commerce.

Art. 273. Les capitaines des navires au long cours, qui congédient leur équipage dans le Royaume-Uni, et ceux de tous les navires qui font la navigation locale, sont tenus de dresser et de signer une liste contenant les particularités relatives au tonnages d'enregistrement du navire, au voyage qu'il fait, à son équipage, aux accidents qu'il a éprouvés, aux morts survenues, aux salaires dus, aux effets, aux naissances, morts, ou mariages des personnes n'appartenant pas à l'équipage.

Art. 274. Ces listes, pour les navires au long cours, sont remises au *Contrôleur d'embarquement* dans les quarante-huit heures qui suivent leur arrivée au port, sous peine de 6 *l. s.* d'amende.

Art. 275. Et deux fois par an, pour les navires faisant la navigation locale, sous peine de 5 *l. s.* d'amende.

Art. 276. Si le navire est transféré, s'il cesse d'être employé au même service, s'il se perd ou s'il est abandonné, ces listes sont envoyées au *Contrôleur d'embarquement* du port auquel ledit navire appartient, sous peine de 10 *l. s.* d'amende.

Art. 277. Les *Contrôleurs d'embarquement* et autres agents doivent transmettre à l'Enregistreur général des marins tous les documents à conserver. Celui-ci, moyennant un droit modique fixé par le Conseil du commerce, permet l'inspection de ces documents; il les produit en justice quand il en est requis, et en fournit des copies certifiées qui font preuve comme les originaux.

Art. 278. Les agents des douanes sont tenus, tous les six mois, de transmettre à l'Enregistreur général des états de tous les navires enregistrés, et des Enregistrements qui ont été transférés ou annulés depuis le dernier état fourni.

Art. 279. La remise de tous documents aux agents consulaires ou aux agents des douanes, selon le cas, s'opérera dans les quarante-huit heures qui suivront l'arrivée du navire dans un port autre que celui d'enregistrement. Amende de 20 *l. s.* infligée aux contrevenants.

SECTION XXII.

Journaux de bord (*official logs*).

Art. 280. Les journaux officiels de bord seront tenus dans la forme prescrite par le Conseil du commerce, par tous les navires qui font exclusivement le commerce entre des ports de la côte (ceux du Royaume-Uni exceptés), et seront, à la volonté du capitaine ou du propriétaire, réunis ou non au casernet de loch.

Art. 281. Toutes insertions destinées au journal officiel doivent être faites immédiatement après l'événement qui les motive; elles doivent relater aussi bien la date de l'événement que la date de l'insertion. Aucune insertion ne peut avoir lieu après vingt-quatre heures d'arrivée du navire au port.

Art. 282. Les insertions à faire dans le journal du bord sont les suivantes: fautes commises et punitions infligées, offenses, particularités sur la conduite, etc., de l'équipage, maladies, accidents, naissances, morts, mariages, noms des marins quittant le navire, avec le temps et la cause de leur départ; montant des salaires dus aux hommes qui entrent dans la marine royale ou qui meurent en cours de voyage, retenues à opérer, produit de la vente des effets d'hommes morts, et toutes circonstances relatives aux collisions.

Art. 283. Chaque insertion doit être signée par le capitaine, ainsi que par le second ou un homme de l'équipage; en cas de mort, de maladie, etc., par le chirurgien également; en cas de salaire dû à un marin mort, ou de vente de ses effets, par le capitaine, par le second et par un homme de l'équipage; en cas d'hommes entrant dans la marine, la mention du salaire dû est signée par le capitaine et par le marin, ainsi que par l'agent chargé de recevoir ces hommes pour la marine.

Art. 284. Des amendes sont infligées aux contrevenants, savoir : 5 *l. s.* pour ne pas tenir convenablement le journal officiel de bord, et 30 *l. s.* pour y faire des insertions après vingt-quatre heures d'arrivée au port ; est qualifié *délit* (*misdemeanour*) le fait de détruire, altérer ou mutiler sciemment un journal officiel de bord.

Art. 285. Les insertions faites au journal officiel de bord sont réputées preuve devant les tribunaux.

Art. 286. Les journaux officiels de bord doivent être remis au Contrôleur d'embarquement, par les navires de long cours, vingt-quatre heures après l'arrivée; par les navires faisant la navigation locale, tous les six mois.

Art. 287. Les journaux sont envoyés en Angleterre, si le navire est vendu à l'étranger, ou s'il se perd.

SECTION XXIII.

Indes orientales et colonies.

Art. 288. Si le Gouverneur général de l'Inde ou les autorités des possessions britanniques adoptent pour leurs navires quelqu'une des dispositions de la troisième partie du présent *Acte*, ces dispositions seront rendues obligatoires dans toute l'étendue de l'empire britannique, comme si elles faisaient partie de l'Acte.

Art. 289. Mais tout acte, ordonnance, etc., desdits gouvernements, promulgué en exécution du présent *Acte*, est à tous égards sujet à la sanction, au rappel, etc., comme les actes ordinaires desdits gouvernements.

Art. 290. Quand il y aura conflit de lois, le cas sera décidé conformément aux dispositions du présent Acte, si ces dispositions sont expresses sur le sujet en litige, et dans le cas contraire, par la loi en vigueur dans le lieu d'enregistrement du navire.

QUATRIÈME PARTIE.

Mesures de précaution contre les accidents.

Art. 291. La quatrième partie du présent acte est relative aux mesures de précaution contre les accidents.

Elle est applicable à tous les navires anglais et à tous les navires étrangers à vapeur qui font le transport de passagers entre ports du Royaume-Uni.

SECTION I.

Canots des navires.

Art. 292. Aucun navire ponté (les remorqueurs et les baleiniers exceptés) ne prendra la mer, s'il n'est pourvu, selon son tonnage, de canots dûment équipés, et d'une contenance conforme au tableau; si, portant plus de dix passagers, il n'a, outre lesdits canots, un canot de sauvetage, ou, si l'un de ces canots n'est disposé en canot de sauvetage; s'il n'est pourvu de deux bouées de sauvetage. Ces canots et bouées doivent toujours être prêts à servir.

Art. 293. 100 *l. s.* d'amende sont infligées au propriétaire qui a négligé de remplir les conditions ci-dessus; et 50 *l. s.* au capitaine qui néglige de tenir ces moyens de sauvetage toujours prêts, ou qui, venant à les perdre, ne les remplace pas à la première occasion.

Art. 294. Les agents des douanes n'expédieront pas un navire, s'il n'est pourvu desdits instruments de sauvetage, et le retiendront de force, s'il cherche à prendre la mer sans être expédié.

SECTION II.

Feux et signaux de brume, rencontre.

Art. 295. L'Amirauté est autorisée à faire et à publier dans la *Gazette* des règles relatives à l'usage de feux et de signaux de brume, et les propriétaires et capitaines seront tenus de s'y conformer, sous peine de 20 *l. s.* d'amende.

Art. 296. La règle à suivre en cas de rencontre est celle-ci : Si deux navires, à vapeur ou à voiles, courant bâbord ou tribord amures, au plus près ou non, se croisent à contre-bord et courent risque, en continuant leur route respective, de s'aborder, les deux doivent mettre la barre à bâbord de manière à se passer réciproquement par bâbord, à moins qu'un danger immédiat ne puisse être la conséquence de cette manœuvre. L'exécution de cette règle est, bien entendu, subordonnée à l'appréciation du capitaine et aux dangers que peut en présenter l'application en cours de navigation, comme aussi à la nécessité de tenir le navire obéissant quand il est au plus près tribord amures.

Art. 297. La règle pour les vapeurs, dans les chenaux étroits, est que chacun doit, autant que possible, se tenir dans la partie du chenal qui est sur son côté de tribord.

Art. 298. Dans le cas de collision par suite d'infraction aux règles ci-dessus, le propriétaire du navire qui les a enfreintes n'aura droit à aucune indemnité, à moins qu'il ne puisse prouver que l'infraction a été rendue nécessaire par les circonstances.

Art. 299. L'infraction est déclarée volontaire toutes les fois qu'un dommage en résulte pour une personne ou pour une propriété, à moins que la nécessité n'en soit démontrée.

SECTION III.

Construction et équipement des navires à vapeur.

Art. 300. Les navires à vapeur en fer (les remorqueurs exceptés) doivent être divisés par des cloisons étanches et avoir un compartiment étanche autour de l'extrémité arrière de l'arbre de l'hélice. Nul agent des douanes ne peut expédier un navire à vapeur en fer qui n'est pas ainsi disposé, et doit le retenir jusqu'à ce qu'il le soit.

Art. 301. Dans tout navire à vapeur, la soupape de sûreté sera soustraite au contrôle du mécanicien quand on est en marche ; les compas seront réglés de temps à autre ; des tuyaux d'incendie, susceptibles de s'adapter aux machines, seront placés à bord. Si le navire porte des passagers, il aura des feux de couleur pour faire, au besoin, des signaux de détresse, et devra être pourvu des emménagements de pont nécessaires pour abriter les passagers de pont, en cas de mauvais temps.

Le propriétaire est passible de 100 *l. s.* d'amende pour infraction, et le capitaine de 50 *l. s.*

Art. 302. Une amende de 100 *l. s.* est infligée à toute personne qui charge improprement une soupape de sûreté, ou qui excède le poids fixé par les inspecteurs, comme il sera dit, sans préjudice des réparations, etc.

SECTION IV.

Inspection des vapeurs à passagers.

Art. 303. La qualification de « *passager* » s'applique à toute personne transportée par un vapeur, si cette personne ne fait pas partie de l'équipage, n'est pas le propriétaire ou un membre de sa famille, ou n'est pas du nombre de ses serviteurs. Est réputé « *vapeur à passagers* » le navire anglais qui porte des passagers en Angleterre, d'Angleterre, ou entre-ports d'Angleterre. Sont exceptés les vapeurs-bacs courant sur des chaînes, et appelés ponts à vapeur.

Art. 304. Les vapeurs à passagers doivent être inspectés deux fois par an.

Art. 305. Le Conseil du commerce peut, à cette fin, désigner des inspecteurs-constructeurs et des inspecteurs-mécaniciens, et fixer la rémunération qui leur est due.

Art. 306. Ces inspecteurs sont autorisés, toutes les fois que cela est raisonnable, à se rendre à bord des vapeurs et à les inspecter, et ont, dans ce but, le droit de retenir les bâtiments aussi longtemps qu'il est nécessaire.

Art. 307. Le Conseil du commerce a le contrôle des inspecteurs; il règle le mode d'exécution de leurs inspections, le montant des allocations de voyage à leur payer, et fixe par qui ces dépenses seront payées.

Art. 308. Sont passibles de 50 *l. s.* d'amende les inspecteurs qui reçoivent une rémunération quelconque autre que celle autorisée.

Art. 309. Les propriétaires sont tenus de faire inspecter leurs navires par les agents dénommés, et ceux-ci, respectivement, leur délivrent des certificats.

Le constructeur, pour déclarer que la coque convient au service projeté et est en bon état;

Que les cloisons étanches, canots, bouées, feux, signaux, compas, abris de passagers de pont, certificats des capitaines et officiers existent dans l'état voulu par les dispositions de l'acte;

Le temps (si ce temps est moindre que six mois) pendant lequel cette coque et ces équipements pourront aller;

Les limites au delà desquelles cette coque et ces équipements ne pourront servir à l'objet proposé;

Le nombre de passagers des diverses classes que le navire peut porter.

L'ingénieur, pour déclarer :

Que la machine est en bon état et convient au service projeté ;

Combien de temps elle conviendra ;

Que les soupapes et les tuyaux d'incendie sont dans les conditions requises ;

Le poids extrême à placer sur les soupapes ;

Les limites au delà desquelles, en ce qui regarde la machine, le navire ne pourra fonctionner.

Ces deux déclarations seront faites conformément au modèle du Conseil du commerce.

Art. 310. Elles sont transmises au Conseil du commerce par le propriétaire dans les quatorze jours, sous peine de 10 shillings d'amende.

Art. 311. Quand la chose est praticable, les inspections ont lieu, et les déclarations des inspecteurs sont transmises dans les mois d'avril et d'octobre ; mais si, par un empêchement légitime quelconque, la chose est impraticable, le propriétaire avise dans le plus bref délai possible.

Art. 312. Le Conseil du commerce, au reçu de ces déclarations, dresse en duplicata le certificat attestant que les inspections ont eu lieu, et fixant les limites dans lesquelles les vapeurs pourront naviguer, comme aussi le nombre de passagers qu'ils pourront porter.

Art. 313. Le certificat est transmis au Contrôleur d'embarquement du port du navire, et celui-ci le délivre au propriétaire sur l'acquittement des droits. .

Art. 314. Le montant des droits est fixé par le Conseil du commerce, d'après les indications du tableau.

Art. 315. Aucun certificat n'a de valeur au delà de la limite de temps qui y est mentionnée, ou au delà du moment où avis est donné de son annulation.

Art. 316. Si le Conseil du commerce a des raisons pour supposer que l'inspection a été incomplète ou frauduleuse, ou que, depuis l'inspection, le navire a éprouvé des avaries et n'est plus propre à son service, — il peut prescrire une nouvelle inspection, etc., etc.

Art. 317. Un double du certificat d'inspection doit être affiché en évidence dans quelque partie du navire, sous peine de 10 *l. s.* d'amende.

Art. 318. Aucun vapeur à passagers ne doit prendre la mer, pour un voyage ou pour une excursion, sans son certificat, et les agents des douanes peuvent retenir au port tout navire qui n'a pas accompli cette formalité. En cas d'infraction, 100 *l. s.* d'amende contre le propriétaire, et 20 *l. s.* contre le capitaine.

Art. 319. Le fait de porter plus de passagers qu'il n'est spécifié au certificat est puni de 20 *l. s.* d'amende, plus 5 shillings pour chaque passager excédant le nombre fixé.

Art. 320. Toute falsification de déclaration ou de certificat, et toute altération frauduleuse de mots ou de chiffres d'un certificat, est réputée délit (*misdemeanour*).

Art. 321. Les inspecteurs sont tenus de fournir au Conseil du commerce des états relatifs à la construction et aux autres particularités des navires à vapeur par eux inspectés, et les propriétaires doivent donner, dans ce but, aux inspecteurs, toutes les informations nécessaires.

SECTION V.

Délits commis par les passagers à bord des vapeurs.

Art. 322. Une amende de 40 shillings (50 fr.), au profit du propriétaire, est encourue par toute personne qui s'introduit à bord après avoir été refusée pour cause de manque de place, et qui refuse de quitter le navire après que le prix de son billet lui a été restitué.

Art. 323. Une amende de 5 shillings (6 fr. 25 c.), au profit du propriétaire, est encourue par toute personne qui élude le payement de sa place, qui va plus loin que le point pour lequel elle a pris son billet, ou qui, arrivée à destination, refuse de quitter le navire.

Art. 324. Une amende de 20 *l. s.*, au profit du propriétaire, est encourue par toute personne qui refuse de donner son nom et son adresse, ou qui donne de fausses indications.

Art. 325. Le capitaine est autorisé à refuser l'entrée de son bord et à remettre à terre, sans lui restituer le prix de sa place, tout passager ivre ou occasionnant du désordre.

SECTION VI.

Accidents.

Art. 326. Tous accidents éprouvés ou causés par les navires à vapeur doivent, le plus tôt possible, être portés à la connaissance du Conseil du commerce, avec les détails y relatifs, sous peine de 50 *l. s.* d'amende.

Art. 327. Avis doit également, sous peine de 50 *l. s.* d'amende, être donné au Conseil du commerce par tout propriétaire qui suppose son navire perdu.

Art. 328. Les cas de collision, avec toutes les circonstances qui les ont accompagnés, doivent être insérés en détail au journal officiel du bord, et cette insertion doit être signée par le capitaine, par le second et par un homme de l'équipage.

SECTION VII.

Transport de marchandises dangereuses.

Art. 329. Nul ne peut, sans en avoir dûment donné avis au capitaine (qui a la faculté de refuser de les prendre), embarquer des marchandises d'une nature dangereuse. Le fait d'embarquer de semblables marchandises à bord, sans les avoir, au préalable, marquées d'un signe distinctif, ou sans en avoir donné avis par écrit, est passible de 100 *l. s.* d'amende.

CINQUIÈME PARTIE.

Pilotage.

Art. 330. La cinquième partie de l'Acte contient la loi relative au pilotage; elle est applicable au Royaume-Uni seulement.

SECTION I.

Pouvoirs des autorités préposées au pilotage (pilotage authorities générale).

Art. 331. Les autorités préposées au pilotage conserveront leurs pouvoirs et leur juridiction actuels dans tout ce qui n'est pas contraire aux dispositions du présent Acte.

Art. 332. Ces autorités sont autorisées à faire des règlements destinés, sous la sanction du Conseil privé, à rendre le pilotage obligatoire, ou à en dispenser les navires, aux termes et conditions qui leur paraissent désirables.

Art. 333. Elles peuvent fixer les conditions d'âge, de capacité, de durée de service, de caractère, etc., requises des pilotes; faire des règlements relativement aux bateaux-pilotes, et établir, pour l'entretien de ces bateaux, des compagnies qui sont exemptes de la formalité d'enregistrement des *Joint-stock Companies;* faire des règlements pour le gouvernement des pilotes en mer et à terre, pour l'octroi de licences et de certificats de pilotage aux capitaines et aux officiers du commerce, et pour les peines infligées aux contrevenants; modifier et réduire les droits de pilotage de manière à ce qu'ils ne dépassent pas les limites spécifiées au tarif; régler les limites des circonscriptions de pilotage de manière à faciliter la navigation et à diminuer les charges de la marine du commerce; établir des caisses pour aider les pilotes retirés, ou faire de nouveaux règlements pour les caisses déjà existantes à cette fin; modifier et rappeler tous règlements, et en faire de nouveaux.

Art. 334. Tout projet de règlement, par application des pouvoirs ci-dessus, devra être publié de la manière que prescrira le Conseil du commerce, avant d'être soumis au conseil privé.

Art. 335. Et tout ordre en conseil privé, promulgué en conséquence, devra être immédiatement soumis au Parlement.

Art. 336. Les pilotes, les Conseils locaux de marine, les capitaines, les propriétaires et les assureurs auront droit d'en appeler au Conseil du commerce des règlements en question, et le Conseil du commerce pourra, dans ce cas, prendre telle mesure qu'il croira juste.

SECTION II.

Ètats à fournir par les autorités préposées au pilotage (générale).

Art. 337. Les autorités préposées au pilotage sont tenues d'adresser périodiquement au Conseil du commerce des états relatifs :

Aux règlements, ordres, etc., de pilotage en vigueur dans leur circonscription;

Aux noms et âges des pilotes ou apprentis pilotes, etc., etc.;

Au service pour lequel chaque pilote ou apprenti a une licence.

Aux droits de pilotage;

Au montant des sommes perçues pour pilotage, etc., etc.

Art. 338. Les autorités préposées au pilotage qui, dans un délai de douze mois, n'auront pas adressé les états ci-dessus mentionnés, ou permis l'inspection de leurs livres et documents, verront leur judiriction transférée au *Trinity House*.

Art. 339. Tous les états envoyés seront sans retard soumis au Parlement.

SECTION III.

Licences accordées aux capitaines et aux officiers (application générale).

Art. 340. Le capitaine ou le second de tout navire peut demander aux autorités préposées au pilotage à faire preuve, par examen, des connaissances nécessaires pour piloter le navire auquel il appartient, ou les navires du même propriétaire, et s'il est reconnu capable, il recevra un certificat de pilotage l'autorisant à piloter, dans les limites fixées, les navires mentionnés audit certificat, sans encourir les peines édictées contre ceux qui n'emploient pas de pilotes.

Art. 341. Ce certificat de pilotage n'est valable que pour un an ; mais il peut être renouvelé par l'apostille du secrétaire des autorités qui l'ont accordé.

Art. 342. Si les autorités préposées au pilotage refusent d'examiner et d'accorder un certificat de pilotage à un capitaine ou à un officier, le Conseil du commerce pourra désigner des personnes pour examiner le candidat et lui accorder, s'il prouve sa compétence, un certificat valable pour un an, et renouvelable, comme il a été dit, soit par les autorités, soit par le Conseil du commerce.

Art. 343. Ces certificats, ou licences, et leur renouvellement sont sujets aux droits fixés par les autorités préposées au pilotage, avec le consentement du Conseil du commerce ; ces droits ne pouvant d'ailleurs être moindres que ceux payés par les pilotes jurés de la circonscription.

Art. 344. Lesdites licences peuvent être retirées par les autorités préposées au pilotage ou par le Conseil du commerce, dans les cas d'inconduite ou d'incapacité des capitaines ou officiers auxquels elles ont été accordées.

SECTION IV.

Bateaux-pilotes (application générale).

Art. 345. Tout bateau-pilote régulier doit être approuvé et autorisé par les autorités préposées au pilotage dans la circonscription ; le patron est nommé et révoqué par lesdites autorités.

Art. 346. Chaque bateau-pilote doit porter les marques distinctives suivantes :

Être peint selon les prescriptions des autorités ;

Avoir à l'arrière le nom du propriétaire et le nom du port

peints en lettres blanches de trois pouces ; à l'avant, le numéro
de la licence ;

Porter dans un endroit apparent, quand il est à flot, un
pavillon mi-partie blanc et rouge horizontalement, de gran-
deur proportionnée à la dimension du bateau.

20 *l. s.* d'amende au patron contrevenant.

347. Les pilotes jurés, quand ils ne sont pas dans un bateau-pilote, sont tenus néanmoins de montrer leur pavillon,
sous peine de 50 *l. s.* d'amende.

348. Une amende de 50 *l. s.* est encourue par le propriétaire, ou patron de bateau ou de navire-pilote, qui bat pavil-
lon-pilote sans être muni d'une licence en règle.

Licences de pilotes (application générale).

Art. 349. Toute licence de pilote juré doit être enregistrée
par l'agent principal des douanes du lieu de la résidence du
pilote, ou aussi près que possible de ce lieu.

Art. 350. Tout pilote juré doit, en même temps que sa licence, recevoir une copie de toutes les portions du présent
Acte qui ont trait au pilotage, avec une copie des règlements
locaux du tarif et des droits de pilotage de leur circonscription ; ils sont tenus, sous peine de 5 *l. s.* d'amende, d'exhiber
ces copies quand ils en sont requis.

Art. 351. Tout pilote juré doit présenter sa licence aux personnes qui l'emploient ou à celles auxquelles il offre ses services ; s'il s'y refuse, il encourt une amende de 10 *l. s.* et la
peine de suspension ou de renvoi.

Art. 352. Tout pilote juré doit, quand il en est requis, produire sa licence devant les autorités qui la lui ont délivrée. En
cas de mort, cette licence est rendue auxdites autorités.

Pilotage obligatoire (application générale).

Art. 353. Le pilotage continue d'être obligatoire dans toutes
les circonscriptions où il l'était avant la promulgation du présent Acte, et toutes exemptions de pilotage restent valables
dans ces mêmes circonscriptions, bien que sujettes aux modifications qu'y peuvent apporter les autorités préposées au pilotage ; tout capitaine non pourvu d'un certificat de pilotage,

qui enfreint les règlements en ce qui concerne le pilotage obligatoire, est passible d'une amende égale au double du montant du pilotage dû.

Art. 354. Les capitaines des navires qui font le transport local des passagers (*home trade passenger ships*) doivent, sous peine de 100 *l. s.* d'amende, employer les pilotes jurés, à moins qu'ils ne soient eux-mêmes pourvus d'un certificat de pilotage.

Art. 355. Tout capitaine ou officier d'un navire soumis au pilotage obligatoire peut, s'il établit qu'il a, durant deux ans, piloté un navire dans une circonscription donnée, ou s'il fournit toute autre preuve de compétence, demander au Conseil du Commerce un certificat de pilotage. Ce Conseil peut octroyer au demandeur un certificat de pilotage, ou apostiller le certificat de capacité dont il est déjà porteur, conformément à la troisième partie du présent acte, afin de l'autoriser à piloter le ou les navires du même propriétaire d'un tirant d'eau déterminé et dans les limites de la circonscription désignée ; ce certificat restant valable aussi longtemps que le Conseil du Commerce le juge à propos.

SECTION VIII.

Droits, priviléges et rémunération des pilotes (application générale).

Art. 356. Si un bateau ou navire pilote, portant à bord un pilote juré, guide un navire non pourvu encore d'un pilote juré, il a droit à son pilotage comme s'il eût été à bord même du navire.

Art. 357. Nul pilote, si ce n'est en cas d'empêchements inévitables, ne doit être gardé en mer à bord d'un navire au delà de sa circonscription ; s'il est gardé, il a droit à 10 shillings et 6 *d. extra* par jour, sans préjudice de frais de voyage raisonnable.

Art. 358. Une amende de 10 *l. s.* est infligée aux pilotes qui reçoivent, et aux capitaines qui offrent, une rémunération différente de celle fixée par la loi, que cette rémunération soit d'ailleurs plus petite ou plus grande que celle du tarif.

Art. 359. Une amende qui ne peut excéder le double du droit de pilotage est infligée à tout capitaine qui refuse de déclarer à un pilote juré le tirant d'eau de son navire, ou qui fait ou aide à faire sur ce point une fausse déclaration. Cette amende peut s'élever à 500 *l. s.* si le capitaine ou une per-

sonne intéressée dans le navire fait ou aide à faire une altération frauduleuse des marques du tirant d'eau gravées sur le
maître-bau.

Art. 360. Un pilote juré a le droit de démonter un pilote
non juré. Dans ce cas le capitaine paye à ce dernier une somme
proportionnée aux services qu'il en a reçus, et déduit cette
somme de la rémunération due au pilote juré.

Art. 361. Tout pilote non juré qui continue à piloter un navire après qu'un pilote juré a offert ses services, ou qui fait
usage d'une licence fausse, est passible de 50 *l. s.* d'amende.

Art. 362. Les personnes non pourvues de licence peuvent
s'offrir comme pilotes, quand aucun pilote juré n'a offert ses
services ou fait des signaux, ou bien quand un navire est en
danger. Ces personnes peuvent également offrir leurs services
aux navires pour les changer de mouillage dans le port, pour
les entrer au bassin ou pour les en sortir, toutes les fois que
les règlements du port le leur permettent, ou qu'ils peuvent
le faire sans enfreindre les ordres du maître de port.

Art. 363. Les personnes responsables du payement des
droits de pilotage sont le propriétaire et le capitaine, ou tels
consignataires ou agents chargés de couvrir les dépenses
ordinaires du navire. Si ces droits, après une demande par
écrit, restent, durant sept jours, non payés, le recouvrement
en peut être poursuivi par les voies prévues dans le présent
Acte pour les amendes d'une valeur équivalente.

364. Les consignataires ou agents (autres que le propriétaire et le capitaine) qui ont payé les droits de pilotage, peuvent en retenir le montant sur les sommes qu'ils ont entre
leurs mains pour le compte du navire ou qui appartiennent
au propriétaire.

SECTION VIII.

Offenses commises par les pilotes (application générale).

Art. 365. Tout pilote juré qui tient directement, ou qui fait
tenir pour son compte, un établissement public ; qui vend
des vins, des spiritueux, du tabac ou du thé ; qui commet une
infraction frauduleuse aux lois relatives aux impôts ; qui se
rend coupable de pratiques déloyales en ce qui touche les
navires, le chargement, les passagers, etc., etc. ; qui prête sa
licence ; qui fonctionne comme pilote après avoir été démonté ou lorsqu'il est ivre ; qui occasionne aux navires des dé-

penses sans nécessité ; qui refuse de conduire un navire dehors, si ce n'est en cas de maladie ; qui fait inutilement couper
ou filer un câble ; qui refuse d'entrer un navire dans le port ;
qui quitte sans permission le navire dont il a pris charge :

Est passible de 100 *l. s.* d'amende, sans préjudice de la suspension et du renvoi; le complice encourt la même peine.

Art. 366. Le pilote qui, par suite de négligence volontaire
ou d'ivresse, met en danger le navire, la vie ou les membres
de quelques personnes du navire, est coupable de délit (*misdemeanour*).

Art. 367. Toute personne qui, en altérant la vérité en ce qui
touche la position d'un navire et les circonstances d'où peut
dépendre sa sûreté, obtient ou cherche à obtenir la charge
de ce navire, et toute personne complice de cette fausse déclaration, encourt une peine de 100 *l. s.* Si le délinquant est
un pilote juré, il est passible de suspension et de renvoi.

SECTION IX.

Pouvoirs généraux de la corporation de Trinity-House[1].

Art. 368. La corporation de *Trinity-House* peut modifier les
dispositions ci-après mentionnées comme sujettes à son contrôle, dans les mêmes formes et limites qu'elle aurait pu le
faire si ces dispositions avaient fait partie d'actes antérieurs
au présent.

SECTION X.

Sous-commissaires et pilotes (Trinity-House).

Art. 369. La corporation de Trinity-House continuera à
nommer des sous-commissaires chargés d'examiner les
pilotes dans toutes les circonscriptions où elle avait accou-
tumé de faire ces nominations. Elle pourra aussi, avec le
consentement de Sa Majesté en conseil, nommer des sous-
commissaires pour les circonscriptions dans lesquelles aucune
disposition relative à l'admission de pilotes n'est établie par
acte du Parlement ou par charte ; mais aucune circonscription de pilotage placée sous l'autorité de sous-commissaires
ainsi nommés, ne peut être étendue sans le consentement
dudit conseil.

---

1. Le *Trinity-House* est l'association, ou confrérie, de la *Trinité* et de
Saint-Clément, communément appelée « Corporation de Trinity-House. »
ses attributions sont détaillées ci-après.

Art. 370. La corporation de Trinity-House continuera à délivrer des licences de pilote dans la circonscription de Londres, dans la circonscription de la Manche et dans celles où aucune disposition particulière relative à l'admission de pilotes n'est établie par acte du Parlement ou par charte.

Art. 371. La corporation de Trinity-House doit, à son siége à Londres, afficher un avis donnant le nom et la demeure de chaque pilote, avec les limites de sa circonscription ; elle doit également transmettre copie de cet avis aux commissaires des douanes à Londres et aux principaux agents des douanes des ports situés dans la circonscription du pilote. Cet avis est affiché par les soins des commissions des douanes à Londres et par les agents des douanes dans les divers ports intéressés.

Art. 372. Chaque pilote de la corporation de Trinity-House doit, au moment de sa nomination, fournir une caution de 100 *l. s.* comme garantie de son observation des lois et règlements de la corporation.

Art. 373. Aucun pilote juré qui a fourni semblable caution n'est responsable, pour fait de négligence ou d'incapacité, au delà de cette somme et du montant de son pilotage.

Art. 374. Aucune licence octroyée par la corporation de Trinity-House ne sera valable après le 31 janvier qui suivra la date de cette licence ; mais elle pourra être renouvelée, sur demande faite ce jour-là ou tout autre jour subséquent, par une apostille du secrétaire de la corporation.

Art. 375. La corporation de Trinity-House est investie d'un pouvoir discrétionnaire pour révoquer ou suspendre les licences de ses pilotes.

SECTION XI.

Pilotage obligatoire (*Trinity-House*).

Art. 376. Tout capitaine de navire qui enfreint les règlements relatifs au pilotage obligatoire dans les circonscriptions de la corporation de Trinity-House, est passible, outre les pénalités ci-dessus spécifiées, d'une amende de 5 *l. s.* par chaque 50 tonneaux de tonnage du navire.

Art. 377. La corporation fera les règlements nécessaires afin d'avoir constamment à Dungeness un nombre suffisant de pilotes, soit en mer, soit à terre, pour les besoins des navires.

Art. 378. Tout navire qui passe le cap Dungeness, en

venant de l'Ouest, et qui n'a pas à bord un pilote, doit prendre
le premier qui se présente ; le capitaine qui, dans cette circonstance, néglige de hisser le signal ordinaire pour en appeler un, est passible d'une amende double de la valeur du
pilotage du navire.

Art. 379. Sont exempts du pilotage obligatoire quand ils
ne portent pas de passagers, les navires qui font le commerce
de la côte ; ceux qui sont de moins de 60 tonneaux ; ceux
qui courent sur Boulogne ou sur tout autre point d'Europe
au nord de Boulogne ; ceux qui portent des chargements
exclusifs de pierre provenant des îles de la Manche ; ceux
qui naviguent dans les limites de la circonscription de leur
port d'attache ; ceux enfin qui traversent, sans s'y arrêter,
une circonscription de pilotage autre que la leur.

SECTION XII.

Droits de pilotage (*Trinity-House*).

Art. 380. Les droits de pilotage qui étaient exigibles immédiatement avant la mise en pratique du présent Acte, conti-
nueront, sauf les modifications qu'y pourra apporter la corporation de Trinity-House, à être payés à cette corporation.

Art. 381. Sauf les modifications qui pourront être intro-
duites par la corporation de Trinity-House, et malgré les
dispositions ci-dessus, les droits suivants seront exigibles de
tout navire étranger arrivant à Londres, ou en partant, et
qui n'est pas exempt de pilotage :

Pour les navires arrivants, le droit selon la distance pendant
laquelle ils ont été pilotés ;

Pour les navires partants, le droit pour toute la distance
prévue par la loi.

Art. 382. Les receveurs des douanes sont tenus de donner
reçu des droits de pilotage aux navires étrangers, et ces
navires ne peuvent être expédiés s'ils ne produisent ledit
reçu.

Art. 383. Les receveurs remboursent à la corporation de
Trinity-House les droits de pilotage qu'ils ont reçus pour le
compte des navires étrangers, et la corporation applique cet
argent au payement du pilote sur le même pied que si le
navire eût été anglais. L'excédant est affecté à la rémunération des personnes non pourvues de licence de pilote qui
peuvent avoir piloté le navire, en l'absence d'un pilote juré,

et le résidu, avec la retenue ordinaire par livre sterling sur le tout, fait retour à la caisse des pilotes de la corporation.

Art. 384. Toutes les fois qu'un différend s'élève sur la question de tirant d'eau entre le pilote et le capitaine d'un navire qui fait le commerce avec Londres, la corporation de Trinity-House charge un agent des douanes de jauger le bâtiment, et cet agent est payé par la partie perdante, sur le pied de une guinée si le navire est au-dessous de l'entrée des docks de Londres, à Wapping, et de une demi-guinée s'il est au-dessus.

SECTION XIII.

Caisse des pilotes (*Trinity-House*).

Art. 385. Une somme annuelle de 3 *l.* 3 *sh.* est due à la corporation de Trinity-House, par chaque pilote, pour l'octroi de sa licence, dans toute circonscription qui n'est pas sous la surintendance de sous-commissaires.

Est également due par lui une retenue de 6 pence (62 c.) sur chaque livre sterling de pilotage gagnée, soit 2 1/2 p. 100.

Ces fonds sont versés par la corporation à la caisse des pilotes, et une amende du double des sommes dites est infligée à tout pilote qui rend un compte faux de son pilotage ou qui manque à ses obligations, sans préjudice de suspension et de renvoi.

Art. 386. Sauf ses charges antérieures, la caisse des pilotes de Trinity-House est responsable de toutes dépenses encourues relativement aux pilotes ou au pilotage ; ces dépenses une fois payées, elle a pour mission de venir en aide aux pilotes auxquels la corporation a délivré des licences depuis le 1er octobre 1853, et qui sont rendus impropres au service, à leurs veuves et enfants, etc.

SECTION XIV.

Désignation de sous-commissaires pour les corporations des Trinity-Houses de Hull et de Newcastle.

Art. 387. Les corporations des « Trinity-Houses » de Hull et de Newcastle peuvent continuer à nommer des sous-commissaires, au nombre de sept au plus et de trois au moins, pour examiner les pilotes des circonscriptions dans lesquelles lesdites corporations avaient l'habitude de faire des nominations ; elles peuvent aussi, avec le consentement du conseil privé, nommer des sous-commissaires pour toute autre circonscription de leur juridiction respective. Toutefois, aucune circonscription de pilotage déjà sous l'autorité de sous-commissaires, ne pourra être étendue sans le consentement ci-dessus spécifié.

SECTION XV.

Réserve des droits des propriétaires et des capitaines.

Art. 388. Nul propriétaire ou capitaine de navire n'est responsable pour les dommages occasionnés par la faute d'un pilote juré, dans les limites de la circonscription où l'emploi de ce pilote est obligatoire.

SIXIÈME PARTIE.

Phares.

La sixième partie du présent acte a trait à l'entretien et à la conduite des phares, aux droits d'éclairage, etc., etc.

SECTION I.

Administration (*management*) des phares.

Art. 389. L'administration des phares, balises et bouées est dévolue :

En Angleterre, dans le pays de Galles, aux îles de la Manche, à Heligoland et à Gibraltar, à la corporation de Trinity-House ;

En Ecosse, dans les eaux et îles adjacentes, et dans l'île de Man, aux Commissaires des phares du Nord (*commissionners of Norther lighthouses*) ;

En Irlande et dans les eaux et îles adjacentes, à la corporation du port de Dublin.

Art. 390. Les Commissaires des phares du Nord sont :

Le lord avocat et le procureur général ;

Les lords prévots et les baillis d'Edimbourg et de Glascow ;

Les prévots et shériffs des principales villes et comtés.

Ces Commissaires forment la *Corporation des phares du Nord* et ont un sceau ; cinq d'entre eux suffisent pour délibérer et ordonner.

Art. 391. Lors de l'érection d'un nouveau phare sur la côte d'Ecosse, les commissaires s'adjoignent, comme nouveaux membres de leur corporation, le prévôt ou le principal magistrat du bourg royal[1] le plus voisin du phare, ainsi que le shériff du comté.

Art. 392. Les agents de la corporation de Trinity-House sont autorisés à inspecter tous les phares d'Ecosse et d'Irlande.

Art. 393. Le Conseil du commerce peut, quand il y a lieu, désigner des personnes pour inspecter les phares, bouées et balises dont l'administration est confiée auxdites autorités générales des phares.

Art. 394. Les autorités générales des phares peuvent obliger les autorités locales compétentes à placer des bouées dans leur circonscription, à déplacer ou supprimer tout phare, bouée ou balise, et à opérer dans lesdits tels changements qu'elles jugent nécessaires. — Les autorités locales ne peuvent, sans la permission des autorités générales auxquelles elles ressortissent, élever de nouveaux phares ou modifier ceux existants.

Art. 395. Faute par les autorités locales auxquelles le pouvoir a été donné d'élever, d'entretenir, etc., etc., les phares, bouées et balises nécessaires, ou bien de percevoir les droits y relatifs, ce pouvoir retourne aux autorités générales des phares de la circonscription à laquelle appartiennent lesdites autorités locales.

SECTION II.

Droits d'éclairage (*light dues*).

Art. 396. Des droits d'éclairage seront payés sur le pied en vigueur au moment où le présent Acte entrera en opération, par tous les navires (les navires de Sa Majesté et ceux ci-dessous désignés exceptés).

Art. 397. Les droits d'éclairage sont sujets à être revisés pas Sa Majesté en conseil.

Art. 398. Les autorités générales des phares peuvent, avec le consentement du Conseil privé, exempter des droits d'éclairage certaines classes de navires; modifier les époques, lieux et mode de payement desdits droits, comme aussi leur substituer tous autres droits, sous forme de contribution annuelle, ou autre.

---

1. Chef-lieu électoral.

Art. 399. Les tarifs des droits d'éclairage et des copies des règlements relatifs aux phares, doivent être affichés dans tous les bureaux des douanes; les autorités générales des phares fournissent des exemplaires de ces documents aux commissaires des douanes à Londres et aux principaux officiers agents des douanes dans les ports où ces droits se payent.

Art. 400. Aucun navire ne peut être expédié, s'il ne produit son reçu des droits d'éclairage.

Art. 401. Faute par un navire d'acquitter les droits d'éclairage, le receveur des douanes est autorisé à retirer du navire les marchandises, agrès, etc., qu'il juge bon jusqu'à parfait payement; et si ce payement n'est pas effectué dans les trois jours, il peut vendre les objets saisis et en appliquer le montant à l'acquittement des droits d'éclairage.

Art. 402. Le receveur des droits d'éclairage transmet ses recettes aux autorités générales des phares desquelles il relève. Celles-ci tiennent les comptes et remettent l'argent au payeur général de Sa Majesté, selon qu'il est prescrit par le Conseil du commerce.

Art. 403. Tous les droits d'éclairage reçus par les autorités générales des phares sont portés au compte du fonds de la marine du commerce (*mercantile marine fund*) et appliqués comme il sera dit.

SECTION III.

Construction de nouveaux phares et droits d'éclairage y attachés.

Art. 404. Les autorités générales des phares peuvent, dans le cercle de leur juridiction respective, élever de nouveaux phares, modifier ou déplacer les phares, bouées et balises existants, acheter des terres à cet effet, changer la nature d'un phare, vendre les terres y attenant.

Art. 405. Toutefois ce pouvoir ne peut être exercé par la corporation de Dublin et pour les commissaires des phares du Nord, sans la sanction et l'approbation du Conseil du commerce et de Trinity-House.

Art. 406. Dans le but d'obtenir la sanction du Conseil du commerce, la corporation de Trinity-House transmet toutes les communications à ce Conseil qui peut alors lui donner telles directions qu'il juge convenable.

Art. 407. La corporation de Trinity-House communique

ces directions aux autorités des phares, qui sont tenues d'agir en conséquence.

Art. 408. La corporation de Trinity-House a le pouvoir, avec la sanction du Conseil du commerce, d'obliger la corporation de Dublin et les Commissaires des phares du Nord, à exécuter les travaux reconnus utiles.

Art. 409. Cette sanction doit être préalablement obtenue du Conseil du commerce.

Art. 410. Les droits d'éclairage afférents aux nouveaux phares seront fixés par Sa Majesté en conseil.

Art. 411. Aucun droit ne peut être levé dans les îles de la Manche sans le consentement des États de ces îles.

Art. 412. Les actes appelés « *Lands clauses consolidation acts* » seront réunis au présent acte.

SECTION IV.

Remise des phares de localité.

Art. 413. Les autorités locales qui ont la surintendance des bouées, balises, phares, sur un point quelconque de la juridiction des autorités générales des phares, peuvent, si elles le jugent à propos, en faire la remise entre les mains des dites autorités générales ; ces phares, etc., etc., sont alors en tous points, soumis au contrôle desdites autorités générales et aux règlements contenus dans le présent Acte.

SECTION V.

Dommages causés aux phares, bouées et balises.

Art. 414. Tout dommage causé volontairement, ou par négligence, aux phares, etc., etc. ; leur déplacement ou destruction, le fait de s'amarrer dessus, etc., etc., sont, outre l'obligation de réparer les dommages causés, punis de 50 *l. s.* d'amende.

SECTION VI.

Prohibition de faux feux.

Art. 415. Les autorités générales des phares sont autorisées à prendre les mesures nécessaires en vue de faire éteindre tous feux ou lumières qui pourraient donner lieu, pour les navigateurs, à des méprises. Amende de 100 *l. s.* à ceux qui ne se conforment pas à l'injonction.

Art. 416. Si la personne qui a reçu l'injonction, n'a pas dans l'intervalle de sept jours, éteint ou caché le faux feu, lesdites autorités générales sont autorisées à pénétrer sur les lieux où il est allumé, et à l'éteindre ou le cacher, et toutes dépenses faites dans ce but sont à sa charge.

SEPTIÈME PARTIE.

Fonds de la marine du commerce.

La septième partie de l'acte a trait à l'administration et à la garde du fonds de la marine du commerce.

SECTION I.
Fonds de la marine du commerce.

Art. 417. Tous droits et toutes sommes (les amendes et les confiscations exceptées) perçus par le Conseil du commerce, conformément aux dispositions du présent acte ; tous droits d'éclairage payés, conformément à la sixième partie, à la corporation de Trinity-House, aux commissaires des phares du Nord ou à la corporation du port de Dublin ; toutes sommes payées à la corporation de Trinity-House, pour droits de fret ou de lest (*Lastage and Ballastage*) dans la Tamise ; enfin tous droits perçus par les receveurs des douanes, conformément à la huitième partie, servent à constituer le fonds de la marine du commerce, dont le compte est tenu par le payeur général.

Art. 418. Le fonds de la marine du commerce, sauf obligations antérieures, a à sa charge :

Les salaires et autres dépenses, prévus par la troisième partie de l'acte, pour les conseils locaux de marine, etc. ;

Les salaires des inspecteurs de navires et les dépenses prévues par la quatrième partie ;

Toutes dépenses occasionnées par le service des phares et prévues par la sixième partie ;

Les dépenses faites par la corporation de Trinity-House pour lestage, etc., dans la Tamise ;

Les dépenses d'établissement et d'entretien des bateaux de sauvetage (*life boats*), etc ;

Les dépenses prévues par la huitième partie, en ce qui regarde les receveurs des douanes, etc ;

Enfin, toute dépense qui, par le présent acte, ou par tout autre acte du Parlement, peut être imputée audit fonds, mais aucune autre.

Art. 419. Toutefois, les recettes provenant du lestage seront exclusivement appliquées à approvisionner de lest les navires qui naviguent dans la Tamise, ou dans les eaux entre Orfordness et Dungeness, et à pourvoir à leur sûreté et commodité.

Art. 420. La reine, en conseil, fixe les allocations pour phares et lestage qui doivent être prélevées sur ledit fonds, etc. Ces allocations ne pourront être augmentées sans le consentement du Conseil du commerce.

Art. 421. Le Conseil du commerce peut donner aux autorités générales des phares pouvoir d'accorder des pensions ou des gratifications aux personnes dont le salaire est payable sur ledit fonds et qui sont congédiées ou mises en retraite.

Art. 422. Tout projet de dépenses, autres que celles prévues, et tout compte de dépenses faites en quelque circonstance que ce soit, doivent être soumis, par les autorités des phares, au Conseil du commerce qui peut les approuver ou les modifier.

Art. 423. Aucune dépense, aucun àcompte de dépenses ne peuvent être payés auxdites autorités des phares, sur le fonds de la marine du commerce, s'ils n'ont été sanctionnés par le Conseil du commerce.

Art. 424. Le trésor peut, à la demande du Conseil du commerce, avancer l'argent nécessaire à l'érection ou à la réparation des phares; mais la somme avancée ne doit pas dépasser 5 millions de francs, en une fois.

Art. 425. Le Conseil du commerce peut aussi, dans le but ci-dessus, emprunter, quand cela est nécessaire, en donnant hypothèque sur ledit fonds.

Art. 426. Les commissaires de l'emprunt des travaux publics (*public works Loan commissioners*) sont autorisés à avancer de l'argent sur le crédit dudit fonds.

Art. 427. Les autorités générales des phares rendront au Conseil du commerce compte de leurs recettes et de leurs dépenses, quand elles en seront requises, et devront soumettre leurs livres et leurs documents aux agents préposés par ledit Conseil.

Art. 428. Tous les comptes du fonds de la marine du commerce sont vérifiés par les commissaires préposés à la vérification des comptes publics.

Art. 429. Ces comptes sont chaque année, et aussitôt que possible, soumis au Parlement.

Art. 430. Tous phares, bouées, etc., etc., et autres biens, mobiliers ou immobiliers, de quelque matière qu'ils soient, servant à la mise en pratique du présent acte, sont exempts de droits et taxes.

Art. 431. Les navires appartenant aux autorités des phares ou au Conseil du commerce, sont exemptés des droits de ports et de tous autres.

HUITIÈME PARTIE

Naufrages, accidents, sauvetages.

La huitième partie du présent acte comprend la loi relative aux naufrages, accidents et sauvetages.

SECTION I.

Enquête en matière de Naufrage.

Art. 432. Les officiers-inspecteurs du service des gardes-côtes, ou des douanes, ont le pouvoir d'instituer des enquêtes toutes les fois que, sur ou près les côtes du Royaume-Uni, un navire est perdu, abandonné ou endommagé ; ou bien qu'il a occasionné la perte d'un autre navire ou lui a causé des avaries ; ou bien que des pertes de vies ont été le résultat des accidents survenus. Quand la perte, ou le dommage éprouvé, a eu lieu ailleurs que sur les côtes du Royaume-Uni, lesdits officiers sont également autorisés à instituer l'enquête, si des témoignages peuvent être recueillis sur quelque point du Royaume-Uni.

Art. 433. Une investigation en forme peut être faite par-devant deux juges de paix, ou un magistrat, si l'officier-inspecteur le juge utile, et le rapport de cette investigation doit être adressé au Conseil du commerce.

Art. 434. Le Conseil du commerce peut alors nommer un assesseur nautique (*nautical assessor*), sur la requête desdits juges de paix ou magistrats, pour examiner le cas et donner ses conclusions.

Art. 435. Dans les endroits où il y a un conseil local de marine, dont l'un des membres est magistrat payé, l'instruction a lieu par-devant ce magistrat, qui reçoit, à cette occasion, des indemnités du fonds de la marine du commerce.

Art. 436. La fixatión des frais est laissée à la discrétion des juges de paix, mais ils peuvent être payés par le Conseil du commerce.

Art. 437. En Écosse, les investigations peuvent être remises aux soins de l'avocat général (*lord advocate*).

Art. 438. Capitaines et officiers sont tenus de remettre leurs certificats au magistrat, ou à la personne qui dirige l'investigation ; une fois l'investigation close, ces certificats sont, selon le cas, rendus aux titulaires, suspendus ou annulés.

SECTION II.

Nomination des receveurs des naufrages (*wreck receivers*).
Leurs devoirs.

Art. 439. Le conseil du commerce a la surintendance des naufrages et peut nommer des receveurs des naufrages.

Art. 440. Nulle autorité, qu'elle ait juridiction d'Amirauté ou non, n'a droit d'intervenir dans les questions de naufrages, si ce n'est dans les cas spécifiés article 445.

Art. 441. Le devoir du receveur, quand un navire fait côte, ou est en détresse, est de se rendre immédiatement sur les lieux et d'y prendre le commandement de toutes les personnes présentes, dans le but de sauver le navire ou l'équipage. La désobéissance à ses injonctions est punie de 50 *l. s.* d'amende. Toutefois, le receveur n'a pas droit, à moins qu'il n'en soit requis, d'intervenir entre le capitaine et ses hommes, en ce qui touche les mesures prescrites.

Art. 442. Le receveur peut requérir, sous peine de 100 *l. s.* d'amende contre les récalcitrants, assistance en hommes, chevaux, voitures, wagons et navires.

Art. 443. Toute partie du chargement, tous objets provenant du navire, qu'ils soient portés à terre par la mer, ou recueillis, doivent être remis au receveur.

Art. 444. Le receveur a droit d'empêcher par la force toute déprédation, tout désordre, etc., sans encourir aucune responsabilité.

Art. 445. En cas d'absence du receveur, ou s'il n'en existe pas sur les lieux, sont autorisés à le remplacer, par ordre de succession, les personnes ci-après énumérées : l'agent principal des douanes ou des gardes-côtes, l'agent des contributions à terre (*inland revenue*), le cheriff, le juge de paix, l'officier en activité de la marine royale, l'officier en activité de l'armée. Ces substituts n'ont droit à aucune indemnité, mais conservent leurs droits au sauvetage.

Art. 446. Toute personne est autorisée, pour porter secours, à passer avec voitures, etc., sur les terres voisines du lieu du naufrage; le dommage qu'elle peut par là occasionner restant à la charge du navire naufragé.

Art. 447. Une amende de 100 *l. s.* est encourue par les propriétaires, ou locataires, qui défendent le passage des voitures, etc., sur leurs terrains, ou qui se refusent à y laisser déposer le chargement, etc.

Art. 448. Le receveur, ou juge de paix, peut aussi instituer une enquête dans le cas d'un navire en détresse, en vue d'établir son identité, la cause du sinistre et les autres particularités y relatives; des copies de cette enquête devront être envoyées au Conseil du commerce et au Lloyd.

Art. 449. Le procès-verbal, ou la copie certifiée, de cette enquête est réputé témoignage en justice.

Art. 450. Toute personne qui trouve une épave doit en donner avis au receveur des naufrages, et, si elle n'est pas le propriétaire de l'épave, en faire la remise audit receveur, sous peine de 100 livres d'amende.

Art. 451. Une épave cachée peut être saisie par le receveur. Celui qui, dans ce cas, a fait connaître l'existence de l'épave, a droit à une gratification de 5 livres comme part de sauvetage.

Art. 452. Le receveur doit, dans un délai de 84 heures, donner avis, à la douane la plus voisine, de l'existence entre ses mains de toute épave; il doit donner cet avis au Lloyd en même temps, si la valeur de l'épave dépasse 20 livres.

Art. 453. Les marchandises de peu de valeur, ou d'une nature périssable, peuvent être vendues immédiatement par le receveur.

Art. 454. Les droits de toutes personnes fondées à revendiquer la possession d'épaves non réclamées sont réservés; le receveur doit leur donner avis dans les 48 heures.

Art. 455. Le receveur est défrayé de ses dépenses par le Conseil du commerce et reçoit les allocations fixées par lui.

Art. 456. Le Conseil du commerce a le pouvoir de régler tous différends relatifs aux sommes dues au receveur.

Art. 457. Les allocations dues au receveur sont imputées à un chapitre spécial du fonds de la marine du commerce.

SECTION III.

Sauvetage dans le Royaume-Uni.

Art. 458. Une indemnité de sauvetage est due par le propriétaire du navire à toute personne (le receveur excepté) qui a aidé à secourir le navire, à sauver l'armement, la cargaison ou l'équipage; comme aussi à toute personne qui a recueilli une épave.

Art. 459. La personne qui a sauvé la vie à des naufragés est la première à faire valoir ses droits, et si la valeur des objets sauvés est insuffisante pour l'indemniser, la différence est faite par le fonds de la marine du commerce.

Art. 460. Toute contestation de sauvetage qui s'élève en dehors des limites des *Cinque ports*[1], peut, si la somme contestée n'excède pas 200 *l. s.*, être réglée par deux juges de paix; si elle excède 200 *l. s.*, elle est réglée, avec le consentement des parties, par lesdits juges de paix, ou, dans le cas contraire, par la Cour d'amirauté.

Art. 461. Les juges de paix peuvent, s'ils ne tombent pas d'accord, nommer un arbitre.

Art. 462. Cet arbitre est indemnisé de ses services, et les frais de l'arbitrage sont laissés à la discrétion des juges de paix ou de l'arbitrage.

Art. 463. Les juges de paix peuvent, dans le cas de contestations, requérir la production de tous documents qui leur sont nécessaires, et déférer le serment.

Art. 464. Quand la somme contestée dépasse 50 *l. s.*, les parties peuvent en appeler du jugement à la haute Cour d'amirauté.

Art. 465. Dans ce cas, les juges de paix transmettent à la Cour une copie de la procédure.

Art. 466. En cas de contestation sur la répartition de l'indemnité de sauvetage entre plusieurs ayants-droit, le payement de la somme totale peut être fait entre les mains du receveur, si elle ne dépasse pas 200 *l. s.*; si elle dépasse 200 *l. s.*, elle sera répartie comme on le verra ci-dessous.

Art. 467. Le receveur distribuera la somme remise entre

---

1. Les cinq ports sont ceux de Douvres, Sandwich, Hythe, Romney, Hastings, auxquels on a ajouté Winchelsea, Rye et Seaford.

ses mains comme il le jugera convenable, après examen du cas, et sa décision sera définitive.

Art. 468. En vue d'assurer le payement de l'indemnité de sauvetage, le receveur peut, jusqu'à ce qu'on lui ait fourni caution, retenir le navire, la cargaison ou les épaves.

Art. 469. Il peut, dans certains cas de retard du payement de l'indemnité de sauvetage, vendre le navire, le chargement ou les épaves.

Art. 470. Le propriétaire est, sur preuve de ses droits, fondé, pendant une année après le naufrage, à revendiquer l'épave, sous réserve, bien entendu, du payement des dépenses, allocations, indemnités de sauvetage, etc.

SECTION IV.

Épaves non réclamées dans le Royaume-Uni.

Art. 471. Au bout d'une année, l'épave non réclamée est, moyennant payement des dépenses, indemnités, etc., abandonnée par le receveur des naufrages aux personnes fondées à en revendiquer la possession.

Art. 472. Deux juges de paix peuvent statuer sur les contestations quant au droit à l'épave, comme sur celles quant au droit à l'indemnité de sauvetage.

Art. 473. La partie intéressée peut, dans les trois mois qui suivent la décision des juges de paix, en appeler à un autre tribunal.

Art. 474. Le conseil du commerce a pouvoir d'acquérir, sur les revenus provenant de l'application de cette partie de l'acte, tout droit aux épaves.

Art. 475. L'épave non réclamée est, au bout d'un an, vendue, et le produit de la vente, défalcation faite des dépenses, indemnités, etc., est versé à l'Échiquier.

SECTION V.

Juridiction de la haute Cour d'amirauté.

Art. 476. La haute Cour d'amirauté a pouvoir de statuer dans toutes les réclamations relatives aux sauvetages, qu'ils aient lieu en haute mer ou sur la côte.

SECTION VI.

Offenses en matière de naufrages.

Art. 477. Les *Hundred*[1], districts, baronnies ou comtés, selon le cas, sont responsables vis-à-vis des propriétaires de tous dommages résultant du pillage, de la dégradation ou destruction d'un navire échoué ou en détresse par des personnes de leur ressort agissant de concert.

Art. 478. Une amende de 150 *l. s.* est infligée à ceux qui distraient une partie quelconque d'un navire échoué ou en danger, qui empêchent qu'on ne lui porte secours, etc.; même amende à ceux qui accostent ce navire sans permission. Le capitaine peut repousser par la force toute personne (le receveur excepté) qui cherche à monter à bord de son navire quand il est échoué.

Art. 479. Est réputé félonie, le fait de vendre dans les ports étrangers des épaves ou des portions de chargement recueillies dans les limites du Royaume-Uni.

SECTION VII.

Trafiquants d'articles de navires (*marine stores*) et fabricants d'ancres.

Art. 480. Les trafiquants d'articles de navires doivent, sous peine de 20 *l. s.* d'amende, avoir leurs noms et leur profession distinctement peints sur leurs magasins; ils doivent tenir des registres et y inscrire leurs opérations; ils ne doivent pas acheter d'articles de navires de personnes âgées de moins de 16 ans, ni couper, ou défaire sans permission, de câble ou d'article de ce genre ayant plus de cinq brasses. L'infraction est punie de 20 *l. s.* d'amende et la récidive de 50 *l. s.*

Art. 481. Un juge de paix peut accorder la permission de couper ou défaire lesdits cordages au trafiquant qui déclare de quelle espèce ils sont, de qui il les tient, et qu'il les a acquis régulièrement.

Art. 482. Toutefois cette permission doit être rendue publique durant une semaine, avant que le trafiquant en puisse profiter.

Art. 483. Les fabricants d'ancres doivent marquer sur tou-

---

1. On nomme *hundred* un canton, un district ou une portion de comté.

tes leurs ancres leur nom, leurs initiales, le poids et le numéro d'ordre.

Sauvetage opéré par les bâtiments de la marine royale.

Art. 484. Quand un navire de la marine royale porte secours à un navire du commerce, les pertes ou dommages
qu'il peut éprouver ne donnent droit à aucune réclamation
d'indemnité.

Art. 485. Les réclamations d'indemnités de sauvetage par
les officiers ou marins de la marine royale ne peuvent être
prises en considération sans le consentement de l'amirauté,
et toutes démarches doivent être suspendues jusqu'à ce que
ce consentement soit accordé.

Art. 486. Dans le cas de services de sauvetage rendus à l'é-
tranger par des navires de Sa Majesté, les objets sauvés seront transportés au port le plus voisin ayant une agence consulaire ou une cour de vice-amirauté. Là une déclaration
sous serment sera faite par les sauveteurs et par le capitaine,
dans le but d'établir quelle était la situation du navire, la
nature et l'importance des services rendus et les circonstances générales du cas.

Art. 487. L'agent consulaire, ou le juge, fixera alors le
montant de l'engagement à souscrire par le capitaine pour
le payement du sauvetage ; la somme ne pourra dépasser la
moitié de la valeur estimative des objets sauvés.

Art. 488. Le droit des sauveteurs de détenir la propriété
sauvée en garantie cesse du moment où le capitaine a sou-
scrit l'engagement.

Art. 489. Des garanties additionnelles, si le consul ou le
juge l'exige, sont imposées aux capitaines de navires appartenant à des personnes qui résident hors des possessions de
la couronne.

Art. 490. Tous les documents en question sont adressés
à la cour d'amirauté d'Angleterre, ou à une cour de vice-
amirauté, selon que les parties intéressées en tombent
d'accord.

' Art. 491. L'engagement lie le propriétaire du navire, le
fret et le chargement et leurs représentants respectifs.

Art. 492. L'engagement peut être enforcé par la cour d'a-
mirauté en Angleterre, ou par une cour quelconque de
vice-amirauté.

Art. 493. Est réservé à la haute cour d'amirauté le pouvovr d'enforcer dans toute cour de vice-amirauté l'accomplissement des engagements souscrits.

Art. 494. Le pouvoir de détenir un navire, etc., est ôté aux sauveteurs qui préfèrent ne pas procéder conformément aux dispositions du présent acte; mais leurs autres recours ne sont point affectés pour cela.

Art. 495. Tous documents à l'usage des fins de la huitième partie du présent acte sont exempts du droit de timbre, s'ils sont faits hors du Royaume-Uni.

Art. 496. Les faux en matière de sauvetage, toute fausse représentation sont passibles de l'emprisonnement, et peuvent être poursuivis sommairement.

SECTION IX.

Sauvetage (application générale).

Art. 497. Sont admises les conventions volontaires, en ce qui touche le renoncement par les sauveteurs à leurs droits sur le navire ou sur la cargaison moyennant un engagement du capitaine de se soumettre à la décision de la haute cour d'amirauté; elles ont les mêmes effets et peuvent être enforcées de la même manière que les engagements souscrits ci-dessus mentionnés.

Art. 498. Les cours ayant juridiction d'amirauté ont pouvoir de répartir les indemnités de sauvetage entre les sauveteurs, toutes les fois que, le sauvetage ayant eu lieu dans le Royaume-Uni, le montant de l'indemnité dépasse 20 *l. st.*

SECTION X.

Divers.

Art. 499. Toute épave de marchandises étrangères est sujette aux droits qui frappent ces mêmes marchandises à l'importation; en cas de contestation, les commissaires des douanes déterminent l'origine desdites marchandises.

Art. 500. Toutes marchandises sauvées doivent être dirigées sur leur point de destination, si le navire naufragé rentrait en Angleterre; et sur leur port de chargement, si ce navire quittait l'Angleterre.

Art. 501. Les pouvoirs conférés par le premier acte aux juges de paix en Angleterre, sont en Écosse exercés par le shériff, etc.

NEUVIÈME PARTIE.

Responsabilité des propriétaires de navires.

La neuvième partie du présent acte modifie et réunit les lois relatives à la responsabilité des propriétaires de navires.

SECTION I.

Art. 502. La neuvième partie de l'acte est applicable dans toute l'étendue des domaines de la couronne.

SECTION II.
Limites de la responsabilité.

Art. 503. Le propriétaire n'est pas tenu d'indemniser les intéressés des pertes ou dommages survenus, sans qu'il y eût de sa faute, par suite d'incendie, aux marchandises embarquées sur son navire ; non plus que de leur tenir compte de l'or, de l'argent, ou de la bijouterie volée, etc., à moins qu'avant le chargement, déclaration n'eût été faite par écrit, de la nature de ces marchandises au capitaine, ou au propriétaire du navire.

Art. 504. Dans les cas où, sans qu'il y ait faute de la part du propriétaire, des pertes de vie, des injures corporelles, des dommages, ou des pertes de marchandises surviennent, soit à bord de son navire, soit à bord d'un autre navire avec lequel il a pu se trouver en collision, le propriétaire n'est responsable que jusqu'à concurrence de la valeur de son navire et du fret, estimés au minimum à 15 *l. st.* par tonneau.

Art 505. Aux fins de cette partie de l'acte, le fret est réputé comprendre la valeur du transport de toutes marchandises appartenant au propriétaire, l'argent des passages, (*passage money*), la location du navire dans tout contrat autre que le contrat à terme, auquel cas la location peut ne commencer à être gagnée que six mois après la perte ou le dommage causé.

Art. 506. Cette responsabilité s'étend à chaque perte de vie, ou injure aux personnes ou aux marchandises, dans des occasions distinctes, comme si aucune autre n'avait eu lieu.

SECTION III.

Mode de procédure.

Art. 507. En cas de perte de vie, ou d'injures personnelles, le conseil du commerce peut, après trois jours au moins de notification aux défendeurs, décerner un mandat requérant le shériff de convoquer un jury de 24 membres pour informer quant au nombre, aux noms et qualités des personnes tuées ou injuriées par suite d'actes coupables, de négligence ou d'incapacité.

Art. 508. A la requête d'une des parties intéressées, la question peut être jugée par un jury spécial, qui est nommé et réduit à 20 membres de la même manière que dans une cour supérieure.

Art. 509. Le shériff préside ces enquêtes;

Le Conseil du commerce notifie dix jours d'avance l'enquête au défendeur;

Le capitaine est réputé l'agent du propriétaire et peut agir pour lui;

Si le défendeur ne se présente pas, la procédure suit son cours quand même;

Un assesseur spécial peut être nommé;

Les frais sont fixés par le juge d'une des cours supérieures.

Art. 510. Cet article pose certaines règles touchant les dommages à recouvrer dans ces requêtes, et l'application à en faire par le payeur général.

Art. 511. La personne qui n'est pas satisfaite des dommages qui lui sont accordés peut intenter une action dès que l'enquête est terminée; mais, à moins qu'elle n'obtienne, par ce moyen, deux fois les dommages primitivement fixés, elle est tenue de payer au défendeur tous les frais de l'action.

Art. 512. Quand le Conseil du commerce refuse d'instituer une enquête, on laisse s'écouler un mois sans l'instituer, après que la demande lui en a été faite, l'intéressé peut intenter une action et commencer des poursuites à l'expiration dudit mois.

Art. 513. Si le Conseil de commerce, après un premier refus, finit par instituer l'enquête, les frais et dommages à recouvrer en vertu de cette enquête sont payés proportionnel-

lement aux frais et dommages recouvrés par les autres voies
légales, mais sans avoir sur eux la priorité.

Art. 514. S'il y a plusieurs réclamations, le propriétaire
peut demander à la cour de chancellerie en Angleterre, et
ailleurs aux cours compétentes, de fixer le montant de ses
obligations; ces cours peuvent alors suspendre toute action
pendante devant une autre cour, répartir le montant des
dommages parmi les demandeurs, exclure les demandeurs
qui ne se présentent pas dans un temps donné, fixer les cautions à fournir par le propriétaire, les frais, etc., etc.

Art. 515. Toutes sommes payées pour frais et dommages
peuvent être portées en compte à la charge des copropriétaires d'un navire, comme celles dépensées pour les besoins
du navire même.

Art. 516. Rien, dans cette partie de l'acte, ne peut être
interprété à l'effet de diminuer la responsabilité des capitaines et des marins du navire, en tant que capitaines et
marins, bien qu'ils soient en même temps propriétaires ou
copropriétaires, ou à l'effet d'étendre les dispositions y in-
cluses au navire anglais non dûment reconnu aux termes de
l'acte.

DIXIÈME PARTIE.

Procédure légale (application générale).

SECTION I.

La dixième partie du présent acte règle la marche de la
procédure légale.

Art. 517. Elle s'applique, dans tous les cas, à toutes les
parties des possessions de la couronne, à moins qu'il n'en
soit disposé autrement.

Art. 518. Cet article contient des dispositions pour la punition, par voie d'amende ou d'emprisonnement, de toutes
les offenses mentionnées dans le présent acte;

Pour le payement des frais de poursuite ou autres;

Pour le recouvrement des amendes et pour l'expédition
sommaire de certaines offenses (sauf appel);

Pour autoriser toute cour, ou justice de paix, à connaître
desdites offenses et à les punir.

Art. 519. Le magistrat salarié peut faire seul ce qui, aux
termes de l'acte, exige deux juges de paix.

Art. 520. Le cercle de la juridiction est : soit celui où l'offense a été commise, soit celui où les motifs de plainte ont pris naissance, soit celui dans lequel le délinquant se trouve.

Art. 521. Le cercle de juridiction des magistrats ou des juges de paix, s'étend à tous les navires qui sont sur la côte voisine, dans ou près les baies, etc., etc., et à toutes les personnes appartenant à ces navires.

Art. 522. Les sommations de comparaître, etc., etc., sont déclarées valables quand elles sont remises aux mains du capitaine du navire auquel appartient le délinquant ou à l'officier qui le remplace.

Art. 523. Toutes les fois que le capitaine ou le propriétaire d'un navire reçoit l'ordre de payer une somme d'argent et ne le fait pas, cet ordre peut être enforcé par saisie, vente de tout ou partie du navire, etc., etc.

Art. 524. Dans tous les cas où le présent acte ne spécifie pas la pénalité, les magistrats, ou juges de paix, peuvent fixer l'amende, les dommages ou indemnités, les frais de procédure, etc., etc.

Art. 525. Cet article fixe les limites, dans lesquelles les procédures sommaires peuvent être entamées.

Art. 526. Tout document qui, aux termes du présent acte, doit être certifié par témoins, est reconnu valable sur l'attestation de toute personne ayant connaissance des faits, sans qu'il soit nécessaire d'appeler les témoins en question.

Art. 527. Le juge de la cour d'amirauté, celui des cours de record dans le Royaume-Uni, celui des cours d'assises en Écosse, ou bien le shériff peuvent, — sur la requête de toute personne déclarant qu'un navire étranger qui se trouve dans la limite de juridiction de la cour ou du juge, a, par la faute du capitaine ou de l'équipage, causé des dommages à des propriétés publiques ou privées, — arrêter et détenir ledit navire jusqu'à ce que le capitaine ou le propriétaire ait fourni les cautions suffisantes, etc., etc.

Art 528. Si le temps manque aux intéressés pour recourir à la juridiction ci-dessus indiquée, tout officier au service de la reine peut arrêter et détenir ledit navire jusqu'à ce que ce recours ait pu s'effectuer, et cet officier est à l'abri de toute responsabilité.

Art. 529. Dans toute action ou procédure, la personne qui donne caution est réputée défendeur et considérée comme propriétaire, etc., etc.

Procédure légale en Écosse.

Art. 530 à 544. Dispositions spéciales pour punir les offenses commises en Écosse, etc., etc.; procédure sommaire; forme des plaintes ; mode d'exigibilité de présence du défendeur et des témoins ; la sentence doit être écrite ; emprisonnement à défaut de payement, etc., etc.

ONZIÈME PARTIE.

Divers.

Art. 544. Des contrats peuvent être passés sous certaines conditions avec les Indiens, les obligeant à aller en Australie, soit comme matelots sur un navire, soit comme passagers, pour aller delà en Angleterre, comme matelots, sur un autre navire. Si le contrat a été fait en due forme, l'Indien ne peut refuser de suivre la destination de cet autre navire, sans encourir les mêmes pénalités que s'il était engagé directement.

Art. 545. Les dispositions des actes des passagers (*passengers acts*) ne sont point modifiées par le présent acte.

Art. 546. Les corporations des ports, municipales ou autres, peuvent, avec le consentement du ministre de l'intérieur (*home secretary*) affecter à l'emplacement de *Sailor's homes* (refuges pour les marins) tels terrains dont elles ont les dispositions.

Art. 547. Les législatures coloniales peuvent, par acte ou par ordonnance, sauf confirmation par Sa Majesté en conseil, annuler ou modifier telles dispositions du présent acte s'appliquant aux navires enregistrés dans les colonies.

Art. 548. Les dépenses encourues par les commissaires des douanes, dans l'application des dispositions du présent acte, seront payées sur les fonds consolidés des douanes ; mais le Conseil du commerce pourra rembourser sur le fond de la marine du commerce telles de ces dépenses qui sont imputables audit fond.

ACTE DU 14 AOUT 1855

Tendant à faciliter l'érection et l'entretien des phares coloniaux et
modidifiant l'Acte de la marine du commerce (*merchant shipping
act*) de 1854.

Attendu qu'il est nécessaire de faciliter l'érection et l'entretien des phares dans les possessions de la Couronne et de
modifier l'Acte de la marine du commerce de 1854.

Art. 1er. Le présent Acte, destiné à faire partie de l'Acte
principal de 1854, prendra le nom de :

Acte modificatif de l'Acte de la marine du commerce — 1855.

(The merchant shipping Act amendment Act — 1855.)

Phares dans les colonies.

Art. 2. La Reine en conseil peut fixer des droits d'éclairage
ou de balisage à payer par les navires dans celles des possessions de la Couronne qui ont établi des phares, bouées ou
balises, comme aussi augmenter, diminuer ou supprimer
ces droits.

Art. 3. Ces droits ne peuvent être levés sans le consentement de la législature coloniale.

Art. 4. Mode de perception desdits droits :

Art. 5. Ils sont versés au payeur général et appliqués par
le Conseil du commerce aux fins qui seront mentionnées
ci-après.

Art. 6. Les droits d'éclairage ou de balisage perçus en
application du présent Acte sont, déduction faite des frais de
perception, exclusivement appliqués à couvrir les dépenses
d'érection et d'entretien des phares, etc., etc.

Art. 7. Le Conseil de commerce peut, sur la garantie de
ces droits, emprunter l'argent nécessaire à la construction
ou à la réparation desdits phares, etc., etc.

Art. 8. Des comptes séparés seront tenus, pour chaque
phare, de toutes les dépenses de construction, réparation et
construction ; ils seront soumis au Parlement et contrôlés.

Enregistrement des navires.
(Deuxième partie de l'Acte de 1854.)

Art. 9. Toute personne qui, en faisant sa déclaration au *bureau d'enregistrement*, conformément à la deuxième partie de l'Acte principal de 1854, fausse sciemment ou aide à fausser la vérité, en ce qui concerne les titres de propriété à un navire, etc., est coupable de délit (*misdemeanour*).

Art. 10. Les parts dans un navire enregistré conformément à l'Acte de 1854 seront traitées selon les dispositions de l'Acte de 1850 intitulé « *Trustee Act* — 1850. »

Art. 11. Relatif à la forme des instruments de transfert, etc., etc.

Art. 12. Dans le transfert d'enregistrement d'un navire d'un port à un autre, le certificat d'enregistrement requis par l'article 19 de l'Acte de 1854 peut être délivré à l'enregistreur de l'un des deux ports.

Art. 13. Les commissaires des douanes peuvent, avec la permission du Conseil du commerce, dispenser les yachts de plaisance de la formalité du nom peint à l'arrière, en exécution de l'article 34 de l'Acte de 1854.

Art. 14. Le propriétaire dont le navire a été mesuré selon la règle II de l'article 22 de l'Acte de 1854 peut plus tard, s'il le juge convenable, demander aux commissaires des douanes à ce qu'il soit mesuré selon la règle I.

Art. 15. La copie de l'enregistrement de tout navire anglais est valable absolument aux mêmes fins que le certificat original.

Capitaines et matelots.
(Troisième partie de l'Acte de 1854.)

Art. 16. Le Conseil du commerce peut, en exécution des articles 211 et 212 de l'Acte de 1854, donner telles instructions qu'il juge convenable relativement aux secours à porter aux navires en détresse.

Toutes dépenses encourues par une nation étrangère pour secours à des marins anglais en détresse seront remboursées par le Gouvernement britannique. Les marins étrangers provenant de bâtiments anglais, et trouvés en détresse, seront traités comme les sujets mêmes de Sa Majesté.

Art. 17. Les dispositions de l'Acte de 1854 relatives aux

caisses d'épargne s'appliqueront à tous les marins sans distinction, qu'ils appartiennent à la flotte ou au commerce.

Art. 18. Confère des pouvoirs additionnels aux cours navales.

Naufrages, accidents ou sauvetages.

(Huitième partie de l'Acte de 1854.)

Art. 19. Toutes les fois que des objets quelconques provenant d'un navire étranger naufragé seront trouvés sur la côte, le consul, en l'absence du propriétaire du navire ou de la cargaison, sera réputé gardien desdits objets, etc.

Art. 20. Quand les services des gardes côtes n'ont pas été positivement refusés par les intéressés pour la garde ou la protection des épaves, la rémunération de ces services est réglée conformément au tarif du Conseil du commerce.

Procédure légale.

(Dixième partie de l'Acte de 1854.)

Art. 21. Extension de juridiction en cas de crimes ou d'offenses commis à bord d'un navire anglais.

Divers.

(Onzième partie de l'Acte de 1854.)

Art. 22. La Compagnie des Indes orientales doit prendre à sa charge et renvoyer chez elles toutes personnes, Lascars ou autres indigènes des territoires de la Compagnie, trouvées dans le dénuement en Europe.

Art. 23. Des contrats peuvent être, sous certaines conditions, passés avec les indigènes des Indes orientales, les obligeant à aller en Angleterre et là à s'embarquer sur d'autres navires pour retourner dans l'Inde ou pour servir ailleurs.

Art. 24. Aucune des dispositions ci-dessus énoncées ne porte atteinte à celles contenues dans les articles 25, 26, 27, 28, 29, 30, 31 et 34 de l'Acte de la quatrième année du règne de George IV, chapitre viiie, ou dans l'article 16 de l'Acte de la dix-huitième année du premier règne, chapitre cxx[e].

ACTE DU 29 JUILLET 1862

Modifiant l'Acte de la marine du Commerce (*merchant shipping Act*)
de 1854 et l'Acte modificatif de 1855.

Attendu qu'il est nécessaire de modifier de nouveau l'Acte
de la marine du commerce de 1854, et l'Acte modificatif
de 1855;

Art. 1er. Le présent Acte, destiné à faire partie de l'Acte
principal de 1854, prendra le nom de :

**Acte modificatif de l'Acte de la marine
du commerce — 1862.**

(The merchant shipping Act amendment Act — 1862.)

Art. 2. Annule la cédule A de l'Acte principal : « Certificat
d'inspection. »

Enregistrement et jaugeage.

(Deuxième partie de l'Acte de 1854.)

Art. 3. Les droits des tiers (*equities*) ne sont pas exclus par
l'Acte de la marine du commerce.

Art. 4. Des droits de tonnage peuvent, en vertu d'actes
locaux, être imposés aux navires selon leur tonnage d'enregistrement.

Certificats de mécaniciens.

(Troisième partie de l'Acte de 1854.)

Art. 5. Les navires à vapeur devront avoir des mécaniciens pourvus de certificats délivrés par le Conseil du commerce. Il y aura deux classes de mécaniciens. Le navire de
long cours de cent chevaux, et au-dessus, aura deux mécaniciens, un de première classe et un de deuxième ; le navire
de long cours de moins de cent chevaux aura un seul mécanicien de première classe ; le navire faisant le transport local
des passagers aura un seul mécanicien de première classe.
Le mécanicien qui navigue sans certificat et la personne qui
l'emploie sont passibles de cinquante livres sterling d'amende.

Art. 6. Le Conseil du commerce nomme des examinateurs,
fixe les conditions d'admission, etc., desdits mécaniciens.

Art. 7. Les candidats payent un droit fixé par le Conseil du commerce.

Art. 8. Les candidats qui passent des examens satisfaisants reçoivent un certificat de capacité.

Art. 9. Des certificats de *services*, différents de ceux de capacité, peuvent être, sans examen, délivrés aux mécaniciens qui réunissaient certaines conditions de service avant le 1ᵉʳ avril 1862.

Art. 10. Les dispositions de l'acte principal, en ce qui regarde les certificats de capacité ou de *services* des capitaines et officiers (art. 138, 139, 140, 161 et 162), sont applicables aux certificats des mécaniciens.

Art. 11. Le Conseil de commerce peut, comme pour les capitaines et officiers (art. 241), instituer des enquêtes sur la conduite, etc., des mécaniciens.

Art. 12. La déclaration de l'inspecteur mécanicien, exigée par l'article 309 de l'acte principal, doit mentionner que le certificat du mécanicien du navire est en règle.

Capitaines et matelots.

(Troisième partie de l'Acte de 1854.)

Art. 13. La troisième partie de l'acte de 1854, sauf toutefois les articles 136, 143, 145, 147, 149 à 155, 157, 158, 161, 162, 166, 170, 171, 231, 256, 279 à 287, est applicable aux bateaux de pêche, aux navires des phares, aux yachts.

Art. 14. Les conseils locaux de marine peuvent fixer le nombre de membres nécessaires à leurs délibérations; ce nombre ne peut être moindre que trois.

Art. 15. Les bureaux d'embarquement (shipping offices) seront désormais appelés *Bureaux de la marine du commerce* (mercantile marine offices), et le Contrôleur d'embarquement (shipping master) prendra le titre de *chef du Bureau de la marine du commerce*.

Art. 16. Tout agent d'un Bureau de la marine du commerce sera réputé commis (*clarck*) dans le sens de l'article 68 de l'acte de la vingt-cinquième année du présent règne, chapitre 96, et passible des mêmes peines s'il se rend coupable de détournement.

Art. 17. S'il n'existe pas dans un port de conseil local de marine, et s'il y a une difficulté quelconque à ce que les candidats de ce port aillent passer leurs examens dans un port voisin, le Conseil du commerce peut charger les examina-

teurs de ce dernier port d'aller examiner les candidats em-
pêchés.

Art. 18. Interprétation de l'art. 182 de l'acte principal, relatif aux services rendus dans un sauvetage.

Art. 19. Le payement des salaires des marins prescrit par
l'art. 209 de l'acte principal se fera, toutes les fois que cela
sera praticable, en argent et non en billets.

Art. 20. L'art. 197 de l'acte principal s'applique aux marins
et aux apprentis qui, dans les six mois précédant immédiatement leur mort, ont appartenu à un navire anglais.

Art. 21. Les salaires des marins qui ont perdu la vie dans
le naufrage du navire sont recouvrables contre les propriétaires du navire de la même manière que dans les cas de
mort ordinaire.

Art. 22. Les droits des marins en détresse à être rapatriés,
conformément aux art. 211 et 212 de l'acte principal et à
l'art. 16 de l'acte modificatif de 1855, seront soumis aux
règles et conditions que le Conseil du commerce fixera.

Art. 23. Le pouvoir d'annuler ou de suspendre un certificat
de capacité, conféré par l'art. 242 de l'acte principal au Conseil de commerce, appartiendra désormais à la cour, au conseil, ou au tribunal qui jugera le cas.

Art. 24. Le capitaine, officier ou mécanicien suspendu ou
démonté, remettra son certificat audit conseil, etc.

Mesures de sûreté.

(Quatrième partie de l'Acte de 1854.)

Art. 25. A partir du 1er juin 1863, ou de tel autre jour ulté-
rieur que fixera le conseil du commerce, les règlements concernant les feux, les signaux de brume, les lois de la
route, etc., seront mis en pratique[1]. Sa Majesté pourra modifier ces règlements.

Art. 26. Les règlements en question, comme toutes les modifications qu'on y pourra plus tard apporter, seront rendus
publics et communiqués en copie aux propriétaires et capitaines qui en feront la demande.

Art. 27. Les propriétaires et capitaines sont tenus d'obéir
à ces règlements; toute violation volontaire est réputée délit
(*misdemeanour*).

---

1. Ces règlements sont ceux consentis récemment entre la France et
l'Angleterre.

Art. 28. En cas de dommages aux personnes ou aux propriétés, par suite de la non-observation de ces règlements, la faute en est imputée à la personne responsable sur le pont, au moment de l'accident, à moins qu'il ne puisse être établi que cette non-observation était rendue obligatoire par les circonstances.

Art. 29. En cas de collision par suite de non-observation desdits règlements, le navire qui ne les a pas observés sera tenu pour responsable, s'il ne prouve qu'il a agi par nécessité.

Art. 30. En vue d'assurer l'exécution desdits règlements, les inspecteurs désignés dans la 3ᵉ partie ae l'acte principal s'assureront que les navires sont pourvus de tous les feux et signaux requis et, dans le cas contraire, prendront contre eux les mesures nécessaires ; un certificat constatera que les navires sont en règle.

Art. 31. Les règlements locaux de ports, pour les feux et signaux, continuent à être en vigueur.

Art. 32. Dans les ports et rivières où il n'existe pas de règlements locaux, il pourra en être fait avec la permission de Sa Majesté.

Art. 33. En cas de collision, c'est le devoir de chacun des deux navires de venir au secours de l'autre, dans la mesure que permet sa sûreté personnelle.

Art. 34. Malgré les dispositions de l'art. 311 de l'acte principal, il ne sera pas indispensable de faire les inspections des vapeurs dans les mois d'avril et d'octobre ; mais les certificats délivrés par les inspecteurs, à quelque époque que ce soit, ne seront valables que pour six mois.

Art. 35. Une amende de 40 shillings sera infligée aux passagers ivres ou turbulents ; aux personnes qui molestent les passagers ; aux personnes qui s'embarquent de force à bord d'un navire déjà plein ; aux personnes qui refusent de quitter un navire déjà plein ; à ceux qui esquivent le payement de leur passage.

Art. 36. Amende de 20 shillings infligée aux personnes qui font des dommages à un vapeur, ou qui molestent l'équipage.

Art. 37. Le capitaine, ou tout autre officier d'un vapeur à passagers, peut faire détenir les coupables.

Art. 38. Les dispositions de l'art. 329 de l'acte principal s'étendront aux navires étrangers, dans les limites du Royaume-Uni.

Pilotage.

(Cinquième partie de l'Acte principal de 1854.)   .

Art. 39. Les autorités préposées au pilotage peuvent exempter les navires du pilotage obligatoire, comme aussi changer ou réduire les droits, et modifier les limites des circonscriptions de pilotage.

Le Conseil du commerce peut aussi, en vue de simplifier l'application de la loi, transférer la juridiction de pilotage d'une autorité à une autre; prendre en conséquence telles mesures jugées nécessaires; supprimer le pilotage obligatoire dans une circonscription; autoriser les autorités existantes à accorder des licences et à fixer des droits, à élever ces droits; faciliter dans certains cas la rentrée de ces droits, l'octroi de licences, etc.

Art. 40. Règlements relatifs au mode de promulgation et de confirmation des ordres provisoires donnés en exécution de l'acte.

Art. 41. Les capitaines seront exempts du pilotage obligatoire dans les circonscriptions qu'ils ont à traverser en dehors de celle de leur destination.

Art. 42. Dispositions spéciales des caisses de pilotes pour les pilotes du canal de Bristol.

Phares.

(Sixième partie de l'Acte principal de 1854.)

Art. 43. Les phares, bouées et balises placés sous l'administration des autorités locales devront être inspectés, etc., par la corporation de Trinity-House et par les autres autorités générales des phares.

Art. 44. Le propriétaire, le capitaine, le consignataire ou tout autre agent chargé des comptes du navire au port d'arrivée est responsable du payement des droits d'éclairage, etc.; le recouvrement de ces droits peut être poursuivi conformément aux dispositions de l'acte principal.

Art. 45. Tout consignataire, ou agent, rendu par le premier acte responsable du payement des droits d'éclairage, peut se rembourser de ses avances sur ceux des fonds du navire qu'il a entre ses mains.

Art. 46. Des droits peuvent être imposés au bénéfice des feux de localité.

Art. 47. Ces droits locaux sont appliqués à la construction des phares, en vue desquels ils sont perçus.

Art. 48. L'art. 431 de l'acte principal s'applique aux bateaux, comme aux navires.

Naufrage et sauvetage.
(Huitième partie de l'Acte principal de 1854.)

Art. 49. Les dispositions de la huitième partie de l'acte principal qui donnent pouvoir de juridiction sommaire à deux juges de paix dans les cas de sauvetage, en vue de prévenir les appels ou procédures inutiles, seront modifiées comme suit : Ces dispositions s'appliqueront au cas où la valeur de la propriété sauvée ne dépassera pas 1000 *l. s.* (25 000 fr.) et aux cas où les services de sauvetage auront été rendus dans ou hors les limites du royaume;

Les ministres d'État, le lord lieutenant d'Irlande, etc., peuvent instituer dans la localité une cour de juges de paix pour connaître des cas de sauvetage;

Si cette cour n'est pas instituée, les sauveteurs peuvent, à la place, désigner un juge de paix, et les propriétaires un juge de paix pour connaître le cas;

Si les parties intéressées ne désignent pas ces juges de paix, le cas peut être jugé par deux ou plusieurs juges de paix aux petites sessions;

Tout magistrat payé en Angleterre, tout shériff en Écosse, tout *recorder* en Irlande pourra tenir lieu de deux juges de paix ;

Les secrétaires d'État pourront fixer une échelle des frais à accorder dans les cas de sauvetage pour lesdits juges ou cours.

Toutes dispositions de l'acte principal, relatives aux procédures sommaires dans les cas de sauvetage, et destinées à empêcher les appels non indispensables, s'appliqueront aux procédures de l'espèce du présent acte comme à celles de l'acte principal.

Art. 50. Le receveur des naufrages peut, sur la demande de l'une des parties intéressées, désigner un estimateur chargé d'évaluer la valeur en litige dans les cas de sauvetage.

Art. 51. Définit la juridiction de la cour de sessions dans les cas de sauvetage.

Art. 52. La remise d'épaves aux parties intéressées, par le receveur des naufrages, n'engage pas sa responsabilité, mais ne porte en même temps aucune atteinte aux droits des tiers sur ces épaves.

Art. 53. Les produits de vente d'épaves qui, aux termes de l'acte principal, font retour au bout d'un an, à la couronne, sont versés au trésor.

Responsabilité des propriétaires de navires.

(Neuvième partie de l'acte principal de 1854.)

Art. 54. La responsabilité des propriétaires de navires est limitée dans les cas de dommages, pertes de vies, etc., occasionnés sans leur faute, ou participation, aux personnes ou marchandises transportées sur le navire, etc., à 15 l. st. par tonneau du tonnage enregistré, s'il n'y a pas perte du navire, et à 8 l. st. par tonneau, si le navire est perdu.

Art. 55. Limite la non-validité de l'assurance.

Art. 56. Preuve de l'existence de passagers à bord du navire, en cas de procédure, conformément à l'article 506 de l'acte principal.

Dispositions relatives aux feux, aux règles de la route, au sauvetage et au jaugeage des navires étrangers.

Art. 57. Les navires étrangers sont, dans les limites de la juridiction anglaise, soumis aux règlements mentionnés à l'art. 25 ci-dessus, pour prévenir les collisions[1].

Art. 58. Ces règlements, comme tous autres relatifs aux collisions, quand ils sont acceptés par une nation étrangère, peuvent être rendus par Sa Majesté applicables aux navires de cette nation en haute mer aussi bien que dans les limites de la juridiction anglaise.

Art. 59. Les dispositions relatives aux récompenses pour sauvetage de vies peuvent, avec le consentement d'une nation étrangère, être rendues applicables aux navires de cette nation, en haute mer.

Art. 60. Les navires étrangers qui suivent la règle anglaise pour leur jaugeage sont dispensés de l'obligation de se faire jauger en Angleterre.

Art. 61. Toutes les fois que, par suite d'un ordre en conseil, une disposition du premier acte ou d'un règlement y relatif sera rendue applicable aux navires d'une nation étran-

---

1. Voir le règlement convenu entre la France et l'Angleterre.

gère, ces navires seront, pour les fins de cette disposition, traités comme s'ils étaient anglais.

Art. 62. Ces ordres en conseil peuvent être d'une durée limitée et sujets à certaines conditions, etc.

Art. 63. Ces mêmes ordres peuvent être modifiés ou annulés.

Art. 64. Ils doivent être publiés dans la *Gazette de Londres* (London Gazette).

Procédure légale.

(Dixième partie de l'Acte principal de 1854).

Art. 65. Rien, dans le 3ᵉ article de l'acte des vingtième et vingt et unième années du présent règne, chapitre XLIII (excepté cependant ce qui concerne le payement des honoraires dus aux commis de juges de paix), ne sera applicable aux procédures dirigées par le Conseil du commerce, ou en vertu du présent acte ou des actes modificatifs.

TABLE ALPHABÉTIQUE.

FIN DE LA TABLE ALPHABÉTIQUE.

PARIS. — IMPRIMERIE DE CH. LAHURE
Rue de Fleurus, 9

EN VENTE CHEZ CHALLAMEL AÎNÉ

LIBRAIRE ET COMMISSIONNAIRE POUR LES COLONIES, L'ALGÉRIE ET L'ÉTRANGER

30, RUE DES BOULANGERS-SAINT-VICTOR, A PARIS

La Revue maritime et coloniale, paraissant tous les mois par cahier de 12 feuilles au moins, avec planches et cartes. Prix de l'abonnement pour l'année : Paris, 25 fr. ; pour les départements, l'Algérie et l'Étranger, *les frais de port en sus;* pour les Colonies françaises, 35 fr.

La Cochinchine française. Brochure in-8 avec carte.

Un voyage à Madagascar en janvier 1862, par M. le baron BROSSARD DE CORBIGNY. Brochure in-8.

Voyage d'exploration dans le haut Maroni, Guyane française (septembre à novembre 1861), par M. VIDAL, lieutenant de vaisseau. Brochure in-8.

Des grandes pêches dans les mers polaires, par J. LAYRLE, lieutenant. Brochure in-8.

La télégraphie météorologique en Angleterre. Brochure in-8.

Catalogue des produits des colonies françaises envoyés à l'exposition universelle de Londres de 1862. Brochure in-8.

Les colonies et l'Algérie au concours général et national d'agriculture de Paris, en 1860. Rapport fait au nom du Jury spécial, par M. JULES DUVAL.

Résultats économiques de l'émancipation commerciale des colonies anglaises. Brochure in-8.

Résumé de la législation des sucres. Brochure in-8.

Documents officiels relatifs à la loi sur le régime douanier des colonies de la Martinique, de la Guadeloupe et de la Réunion (3 juillet 1861). Brochure in-8.

Rapport sur l'exposition internationale de pêche des Pays-Bas (septembre 1861). Brochure in-8.

Le commerce et la navigation de l'Algérie avant la conquête française, par F. ÉLIE DE LA PRIMAUDAIE. 1 vol. in-8 avec carte.

Revue géographique de l'année 1861, par M. V. A. BARBIÉ DU BOCAGE. Brochure in-8.

Annuaires et journaux des colonies françaises, etc.

Paris. — Imprimerie de Ch. Lahure, rue de Fleurus, 9.

www.ingramcontent.com/pod-product-compliance
Ingram Content Group UK Ltd.
Pitfield, Milton Keynes, MK11 3LW, UK
UKHW031834170726
13836UKWH00004B/1682